KB113694

더 크게
소리쳐!

세상을 바꾸려는
십대들의 명연설문

더 크게 소리쳐!

SPEAK UP!

아도라 스비탁 지음
카밀라 핀헤이로 그림
김미나 옮김

특별한서재

들어가며

어렸을 때 나는 동생과 함께 '어른들로부터의 어린이 독립 선언문(원서에는 어른들grown-ups을 가리키는 약식 표현으로 '끙끙이Groans'라고 썼다—옮긴이)'이라는 제목의 연설문 초안을 작성했다. 이 독립 선언에는 타당한 이유가 있었다. 우리는 어른에 대해 지나치게 과대평가된 부분이 있다고 생각했다. 어린 시절 눈이 내리는 날이면 친구들과 나는 신이 나서 날뛰는데 아빠와 또래 어른들은 차 안 라디오에서 흘러나오는 일기예보를 들으며 못마땅한 듯 헛기침을 하고 길이 막힌다고 투덜댔다. 어른들은 언제나 자질구레한 걱정을 하고 불만투성이에 기쁨이라고는 모르는 것 같았다.

사회 통념상 아이들이란 원래 이기적이고 충동적이라서 그들을 보호하기 위해서는 그들의 힘과 자기 결정권을 제한해야 한다고 한다. 아이였을 때 나는 '아직 어리기 때문에 하면 안 되는 일'에 대해 듣는 것에 신물이 났다. 지금 우리가 살고 있는 세계가 어른들의 '성숙함'이 빚어낸 결과라면 우리는 '성숙한 어른이 된다는 것'에 대해 약간은 생각을 달리할 필요가 있지 않을까. 이런 이유로 나는 열두 살이던 2010년 TED 콘퍼런스에서 연설을 하며 중요한 질문을 던졌다.

"어른들이 아이들에게서 배울 수 있는 게 뭐가 있을까요?"

답은 의외로 꽤 많았다.

뛰어난 젊은 세대의 연설문들을 한데 묶은 이 모음집은 다음 세대가 무엇을 이루어낼 수 있는지에 대한 증거이다. 기후변화에서부터 성전환자들의 권리까지 어떤 사안이든 관심을 가지고 신념에 찬 목소리를 낼 때 어른들이 귀를 기울이고 무언가를 배우게 될 거라는 것을 청소년들이 증명해주고 있다.

'상식'에 의문을 던지다

충동적이고 순진하며 부주의하고 대책 없이 솔직한 성격을 가리켜 흔히 '어린애 같다'고 말하지만 우리는 나이가 들면서 세상이 돌아가는 방식에 점점 둔감해진다. 이탈리아의 정치사상가 안토니오 그람시Antonio Gramsci는 '상식'이라는 말로 통용되는 사회 공통의 신화와 가치, 세계관이 실은 지배층의 이익을 대변하는 것이라고 지적했다.* 길에서 자고 있는 사람들을 보고도 못 본 척 고개를 돌리는 이유는 무엇인가? 왜 생리를 하는 것을 부끄럽게 생각해야 하는가? 우리는 왜 우리와 '다른' 것을 차별하는가? '누구나 다 그렇게 하기 때문이다.'

열 살, 열다섯 살, 스무 살까지는 사회의 이런 헷갈리는 '상식'을 흡수

* 그람시는 은연중에 대중의 삶을 좌우하는 '상식'을 가장 은밀하고 강력한 지배 방법으로 보았다. 어떤 사실에 대해 그것이 '옳다'고 계속적으로 주입하는 방식으로 상식을 만들어 대중의 의식을 마비시킨다는 것이다.

한 시간이 그다지 길지 않아서 부당한 현실이나 빈곤, 환경 파괴와 같은 것들이 여전히 방관하고 넘어가서는 안 될 끔찍한 충격으로 느껴지는 것일 수 있다.

이런 세상물정 모르는 순진함이 가장 목소리가 큰 시위자들을 만들어낸다. 스웨덴 소녀 그레타 툰베리Greta Thunberg는 열여섯 살 때 유엔에서 세계 지도자들에게 기후 위기 문제 해결에 실패한 책임을 물으며 맹공을 퍼부었고, 열일곱 살의 청소년 운동가인 엘리야 월터스 오스만Elijah Walters-Othman은 영국 의회에서 교육 불평등에 관심을 가질 것을 공개적으로 촉구했다. 성전환자 권리 옹호자인 재즈 제닝스Jazz Jennings는 자신이 내면으로는 여자라는 것을 알았기에 유치원에서 여자아이로 대우받기를 원했는데, 왜 학교 관리자들은 이를 다르게 생각하는지 그 이유를 이해하지 못했다.

이 용감한 젊은 연사들에게 '누구나 다 그렇게 한다'는 것은 납득할 만한 이유가 되지 못했다. 그들은 더 나은 선택이 있다고 믿었다. 앞을 가로막는 장벽들과 완고하게 '안 돼!'를 외치는 어른들도 그들을 단념시키지 못했다. 오히려 목소리를 높이고 변화를 이끌어내는 것을 임무로 삼게 만들었다.

함께일 때 더욱 강해진다

'어른들로부터의 어린이 독립 선언문'은 결국 재활용 쓰레기통 바닥에서 최후를 맞이하고 말았다. 그것은 내게 청소년 콘퍼런스를 구성하고 교육개혁을 하는 데 학생 의견의 중요성을 국제적으로 공론화하는 등 앞으로 어떤 일을 하게 될지를 보여주는 것이었다. 나는 점점 더 많은 학생들이 공개 연설과 대중 교육에 나서는 것을 지켜보면서 타라 수브라마니암Tara Subramaniam과 같은 인상적인 학생 리더들을 만날 기회를 가졌다. 그녀가 '학생의 목소리Student Voice' 비영리재단과 함께 획기적인 활동을 펼친 이야기는 이 책에도 수록되어 있다.

자료 조사를 하느라 도서관과 온라인 아카이브들을 두루 들락거리기는 했지만, 대부분의 시간 동안 나는 '청소년 운동가youth activist'와 같은 단순한 인터넷 키워드를 시작으로 꼬리에 꼬리를 무는 검색의 개미굴에 빠져들곤 했다. 이 온라인 검색이 가장 성과가 컸음은 두말할 필요도 없다. 즉석에서 레코딩을 해서 바로 인터넷에 업로드를 하는 시대다 보니 청소년 연설은 이전보다 훨씬 눈에 잘 띄었다. 매디슨 킴리Madison Kimrey를 발견한 것도 그렇게 해서였다. 투표권이 없는 열두 살의 나이에 그녀는 주의 법이 청소년 유권자 등록을 어렵게 만들고 있다고 공개적으로 비난했다.

이 조사 덕분에 나는 1976년 남아프리카공화국 요하네스버그에서 아파르트헤이트*에 반대하며 거리로 몰려나와 평화적인 행진을 하던 고등학생들과 2014년 홍콩 우산 운동Umbrella movement**으로 연좌 농성을 벌였던 친민주주의계 학생들처럼 정치 운동에 참여해 온 청소년들이 남긴 풍요로운 역사적 유산을 이해할 수 있게 되었다.

초보 발명가부터 뜻밖의 영웅들까지 이 모음집에 등장하는 여러 재능 있는 인물들의 이야기는 우리가 함께 조사하고 싸우고 힘을 합쳐 일

* 예전 남아프리카공화국의 극단적인 인종차별 정책.
** 홍콩 행정장관의 직선제를 요구한 민주화 운동.

할 때 더욱 강해진다는 것을 반복해서 가르쳐준다. 야자유에 맞서 싸우는 걸스카우트 팀인 매디슨 보르바Madison Vorva와 리아논 톰티셴Rhiannon Tomtishen, 세계 작물 수확량을 위한 강력한 해결 방안을 개발하기 위해 애쓴 구글 과학전람회 우승자 시아라 저지Ciara Judge와 에머 히키Emer Hickey가 이런 '팀 파워'를 보여주는 예다. 교육 옹호자이자 노벨상 수상자인 말랄라 유사프자이Malala Yousafzai는 자신이 가지고 있는 기반을 이용해 친구이자 시리아의 운동가인 무준 알멜레한Muzoon Almellehan을 비롯한 다른 많은 청소년들을 대중의 관심 속으로 이끌었다. 영국인 학생 아미카 조지Amika George는 위생용품을 구하지 못해 생기는 '생리 빈곤'*을 종식시키자는 탄원서에 20만 명이 넘는 사람들의 지지 서명을 받아내는 데 성공했다. 이런 운동들이 빛을 발하게 된 것은 그들의 호기심과 신념 그리고 헌신뿐만 아니라 세계 곳곳의 친구들과 동지들의 도움이 있었기 때문이다.

오늘날 우리는 과거 어느 때보다 다양한 수단으로 지리적 거리에 상관없이 사람들과 소통할 수 있는 전례 없이 연결된 세상에 살고 있다. 이런 시대에 여러분은 사회적 변화를 추구하기 위해 어떤 공동체를 구축할 것인가?

더 큰 그림

베티 프리단Betty Friedan은 자신의 저서인 『여성의 신비The Feminine Mystique』

* 여성들이 가난으로 말미암아 생리 기간에 위생용품을 사지 못해 곤란을 겪는 것.

에서 '소극적인 청소년'에 대해 기술하며 다음과 같이 말했다. "진정으로 살아 있음을 느끼게 해주는 일을 한 번도 해본 적이 없기에 이 아이들은 목숨이라도 걸 만큼 강렬하게 원하는 것이 아무것도 없었다." 나는 자라면서 절대 그런 아이가 되고 싶지 않았지만, 때로 그게 얼마나 어려운 일인지를 절감하기도 했다. 많은 것이 걸린 선택의 순간에 잠시 발을 멈추고 깊이 생각에 잠기고 완벽한 시험 점수나 이력서보다 더 큰 무언가를 고민하는 건 용기가 필요한 일이다.

그러나 우리가 다른 우선과제들을 먼저 생각한다면 어떨까? 도움이 필요한 사람들에게 손을 내밀고 싶은 마음으로 케네스 시노즈카Kenneth Shinozuka는 노인들의 안전 문제 개선을 위한 스마트 제품 디자인을 시작하게 되었다. 이스턴 라샤펠Easton LaChappelle은 영국인이나 미국인들의 평균 연봉보다 비싼 의수를 한 일곱 살 소녀를 만나고 나서 오픈 소스의 저렴한 보철 장치 개발에 대한 영감을 얻었다. 잭 안드라카Jack Andraka는 가족과 가까운 친구를 잃고 나서 췌장암 테스트에 혁신을 일으킬 뜻을 품었고, 아만다 사우스워스Amanda Southworth는 정신 건강을 지키기 위한 자신의 힘겨운 싸움을 정신 질환자 권익 옹호와 그들을 돕는 앱을 만드는 연료로 삼았다.

갈수록 좁아지는 성공의 문을 통과하기 위해 다른 생각은 할 틈도 없이 경쟁에만 열을 올리는 대신, 이 청소년들은 서로 팔짱을 끼고 세상을 향해 더 나은 일을 해보자고 부르짖었다. 그들은 우리에게 현재 상황에 의문을 가지고 새로운 아이디어를 발전시키며 부당한 일에 직면했을 때 침묵하지 말라고 가르친다.

비록 작은 예지만 세계 곳곳의 뛰어난 청년들을 이렇게 소개하게 된 것을 기쁘게 생각한다. 세계 인구의 42%를 차지하는 25세 이하 젊은 세대들에게서 우리가 배울 것이 얼마나 많은지를 이들이 몸소 증명해 주고 있다. 이 세상에 그리고 사회적 화두에 변화의 바람을 불어넣고 있는 결의에 찬 목소리를 발견해보자. 함께 일하고 서로에게 영감을 불어넣었던 이들을 쉽게 발견할 수 있을 것이다. 독자들도 마음의 자극을 얻게 되기를 바란다. 이 책이 나만의 목소리를 찾고 꿈을 좇도록 돕는 계기가 될지 누가 알겠는가.

차례

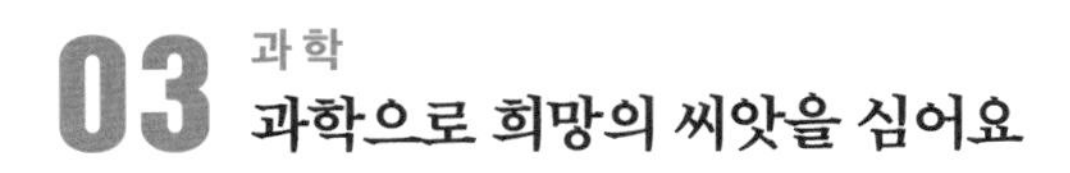

03 과학 과학으로 희망의 씨앗을 심어요

04 발명 작은 아이디어 하나로 세계를 깜짝 놀라게 할 수 있어요

05 신념 작은 믿음이 변화의 심장을 뛰게 해요

06 정치
힘없는 다수가 행복한 세상을 만들어가요

07 교육
배움은 모두의 평등한 권리입니다

08 청소년의 권리
배우고 자라고 꿈꿀 수 있게 해주세요

12 프로페셔널
프로 정신에 나이는 상관없어요

/

힙합으로 기후 정의를 노래해요

시우테즈칼 마르티네즈

/

어른들이 나설 때까지 우리는 학교에 가지 않을 거예요

그레타 툰베리

/

우리가 외면하는 동안 지구의 미래가 사라져가고 있습니다

아누나 데 베버

CHAPTER 01

기후변화

뜨거워진 지구의 신음 소리가 들리지 않나요?

힙합으로 기후 정의를 노래해요

시우테즈칼 마르티네즈

Xiuhtezcatl Martinez

시우테즈칼 마르티네즈는 '어스 가디언즈Earth Guardians'* 의 청소년 디렉터이자 환경보호를 지지하는 미국 원주민 기후 운동가다. 그는 유엔 기후변화 회의를 포함해 여러 곳에서 연설했다. 그가 처음 공개 연설을 시작한 것은 여섯 살 때 국가적 행사에서 지구 온난화에 대해 미국 원주민식 기도를 포함한 2분짜리 연설을 한 것이었다. 그의 연설은 생태계 파괴와 억압의 다른 구조적 형태의 교차점에 대한 관심을 불러일으켰다. 이는 미국 원주민 공동체들에 영향을 미치고 있는 부분이었다.

고향인 콜로라도에서 그는 국가와 연방정부 기관들을 상대로 지구 온난화에 대해 단호한 조치를 취하지 못한 책임을 묻는 소송을 진행하기 위해 '우리 아이들의 믿음Our Children's Trust'이라는 단체의 청소년들과 손을 잡았다. 그는 콜로라도주 석유 및 가스 보존위원회가 수압파쇄**와 관련된 에너지 회사에 승인을 내준 문제에 대한 재판에서 원고 대표

* 환경 및 기후, 사회 정의 운동과 관련하여 뛰어난 청소년 리더들을 배출하기 위한 단체.
** 물을 고압으로 지하에 주입하여 암반층을 파쇄하고 석유와 천연가스를 추출해내는 과정.

환경운동가 / 음악가, 시우테즈칼 마르티네즈

를 맡았으며, 기후 정의에 대한 통합적 접근의 필요성에 대해서도 널리 강조해왔다.

시우테즈칼은 행동주의와 공개 연설 외에도 음악을 통해 환경 정의 의식을 고취시키는 힙합 아티스트다. 아스펜 아이디어 페스티벌The Aspen Ideas Festival에서 한 연설에서 그는 청소년들에게 세상을 변화시키는 것은 전통적인 행동주의나 공동체 조직화만이 아니라 그의 음악처럼 내면에서 자신만의 열정과 기쁨을 찾는 것으로도 시작할 수 있다고 조언했다.

흔히 세상을 변화시키는 힘은
다른 사람들에게서 나온다고
잘못 생각하는 경우가 많습니다.
저는 우리가 보게 될 가장 위대한 변화의 주인공은
청소년들이라고 굳게 믿고 있습니다.

시우테즈칼 마르티네즈(17세)

우리에게는 세상을 바꾸는 힘이 있습니다

아스펜 아이디어 페스티벌, 미국 콜로라도, 2017년

저는 열일곱 살의 기후 운동가이자 제 세대를 대표하는 대변인이기도 합니다. 저는 기후 정의 운동에 아주 오랫동안 몸 바쳐 왔습니다. 흔히 세상을 변화시키는 힘은 다른 사람들에게서 나온다고 잘못 생각하는 경우가 많습니다. 그래서 누군가가 우리를 위해 행동에 나서주기를 바라며 무작정 기다리는 거죠. 그러나 저는 우리가 보게 될 가장 위대한 변화의 주인공은 청소년들이라고 굳게 믿고 있습니다. 앞으로 보다 많은 세계의 청소년들이 앞으로 나서서 리더십을 발휘하는 모습을 지켜볼 생각을 하면 너무나 가슴이 벅차오릅니다.

저는 일선에서 활동하는 기후 운동가이자 대변인인 동시에 예술가입니다. 힙합 음악을 하는 래퍼예요. 저는 기후변화와 같은 문제를 거론하는 것이 단순한 환경 이야기를 늘어놓는 게 아님을 깨닫는 게 엄청나게 중요하다고 생각합니다. 인종적 정의에서부터 경제적 정의까지 여기에 연관된 문제들이 아주 많거든요. 기후변화가 다른 누구보다 가난한 흑인 여성과 아이들에게 위협이 되는 점을 이해해야 하고, 환경 위기의 최전선에 놓인 미국 원주민 공동체 문제를 꿰뚫어 볼 수 있어야 합니다. 이 이슈는 아주 다양한 모양새를 띠고 있어요. 지난 몇 년간의 환경보호 활동을 살펴보면 크게 인상적인 부분을 찾기가 힘든데, 그래서 저는 이런 이슈들에 대해 다각적으로 논의하고 행동 방안을 모색하는 것이 매우 중요하다고 생각합니다.

우리는 예술가들이 자신이 가진 기반을 이용해서 전면에 나서는 모습들을 봅니다. 로린 힐Lauryn Hill과 커먼Common처럼요. 커먼은 레드 록(콜로라도에 있는 공연장)에 모인 만 명의 청중들 앞에서, 그의 사람들과 공동체를 위한 인종적 정의를 찾기 전까지는 왜 자신의 경력을 성공이라고 할 수 없는지에 대해 최고로 멋진 랩을 들려줬습니다. 그는 사람들에게 영감을 주고 변화를 만들어내는 데 음악을 사용하고 있어요. 그저 머릿속으로만 '어떻게 하면 더욱 성공적인 활동가나 공동체 조직가가 될 수 있을까?'라고 생각하는 대신에 말이죠. 자신의 내면을 들여다보고 이렇게 말해보세요. '내가 무엇을 잘하지? 나는 무엇에 열정을 가지고 있지? 이 세상에서 내가 사랑하는 것은 뭐지? 그걸 어떻게 하면 변화를 만들어내는 일과 연결시킬 수 있을까?' 그래서 제가 이제 여러분에게 음악을 좀 들려드리려고 합니다.

어른들이 나설 때까지 우리는 학교에 가지 않을 거예요

그레타 툰베리

Greta Thunberg

세상에 변화를 만들어내기 위해 때로는 규칙을 따라야 할 때도 있다. 그리고 어떤 때에는 전체 판을 완전히 뒤집어엎고 이건 부당한 게임이라고 외치는 편이 나을 때도 있다. 스웨덴에 사는 학생인 그레타 툰베리는 타협이라고는 없는 단호한 태도로 힘 있는 정치가들과 자본주의 경제체제를 향해 지구의 기후 악화에 대한 책임을 물었다. 스위스 다보스에서 연례 행사로 열리는 세계경제포럼은 부유하고 저명한 참석자들로 유명한데, 그녀는 이곳에서 최상위 엘리트 청중을 향해 기후변화에 대해 이렇게 말했다. "우리의 집이 불타고 있습니다. 저는 여러분이 공황 상태에 빠지기를 바랍니다. 제가 매일같이 느끼는 공포를 여러분도 느끼기를 바랍니다. 우리는 청소년들에게 희망을 줄 의무가 있습니다."

그레타의 여정은 전혀 예상치 못한 곳에서 시작되었다. 2018년 여름, 그녀는 학교에 가는 대신 스웨덴 국회 앞에 앉아 피켓을 만들었다. 그 피켓에 만약 세계의 지도자들이 기후변화에 대해 단호한 행동을 취하지 않는다면 전 세계 학생들이 학교 파업을 결의할 것이라고 썼다. 2018년 11월, 보다 많은 학생들이 동참하고 어떤 이들은 행동 개시를

환경운동가, 그레타 툰베리

요구하는 그녀를 촬영해 소셜 미디어에 올리면서 그녀의 메시지는 널리 호응을 얻었다. 그해 12월까지 영국, 미국, 일본, 벨기에를 포함한 전 세계 270개 도시에서 2만 명이 넘는 학생들이 정부에 파리협정 준수를 요구하는 파업과 압박에 참여했다.

그레타가 기후 문제로 학교 파업을 시작하기 전, 그녀의 부모는 정치 운동이 딸에게 중압감을 주지 않을지 우려했다. 그들의 걱정은 당연한 것이었다. 그레타는 자폐 스펙트럼*에 선택적 함구증**을 가지고 있었다. 이는 그녀가 또래 아이들보다 사회적 상황을 더 힘들어한다는 것을 의미했다. 각종 콘퍼런스에 참가하기 위해 여행하고, 시종일관 카리스마가 넘치는 미소를 번뜩이며 연설을 하며, 다른 단체 대표들과 만나야 하는 활동가들의 역할만큼 공적인 것도 드물다. 그러나 그레타는 활동가란 어떤 모습이어야 하는지 그 의미를 새롭게 정립해주고 있다. 덜 충격적인 말을 사용하거나 타협을 하려는 대신, 기후변화에 직면한 현실에 대해 그레타는 절박한 목소리로 전력을 다해 진실만을 이야기한다. 그녀는 인기를 위해서가 아니라 젊은 세대와 지구의 미래를 위해 목소리를 높이고 있다는 것을 보여준다.

2018년 12월 그녀는 폴란드의 카토비체에서 열린 유엔 기후변화 총회에서 연설하면서 현재 벌어지고 있는 기후변화에 대한 어른들의 태만한 대응에 대해 벼락같은 비난을 퍼부었다.

* 자폐증에서 아스퍼거 증후군, 서번트 증후군 등 지적 장애가 수반되지 않는 자폐성 장애.

** 다른 상황에서는 말을 하면서도 특정 사회적 상황에서는 말을 하지 않고 다른 사람의 말에도 반응하지 않는 불안 장애의 일종.

유엔 기후 총회(COP24) 연설

폴란드 카토비체, 2018년

제 이름은 그레타 툰베리입니다. 저는 열다섯 살이고 스웨덴에서 왔습니다. 저는 지금 기후 정의를 위해 이야기하려고 합니다. 많은 사람들이 스웨덴은 그저 조그만 나라이기에 우리가 뭘 하든 중요하지 않다고 합니다. 그러나 저는 아무런 변화도 만들어낼 수 없을 만큼 별 볼 일 없는 사람은 세상에 없다는 것을 알았습니다. 단지 어린이 몇 명이 학교에 가지 않는 것만으로 전 세계 언론에 오르내릴 수 있는데, 우리 모두가 진정으로 원하는 것을 다 함께 힘을 합쳐 한다면 무슨 일을 해낼 수 있을지 한번 상상해보세요.

그러나 그러기 위해서는 아무리 불편하더라도 할 말은 분명하게 해야 합니다. 여러분은 단지 사람들의 지지를 잃을까 두려워서 녹색경제성장*을 부단히 이야기합니다. 그런데 말로는 앞으로 나아가자고 하면서 우리를 이런 궁지로 몰아넣은 발상을 바꿀 생각은 조금도 하지 않습니다. 유일하게 남은 합리적 해결책이라고는 비상용 브레이크를 잡아당기는 것뿐인데도 말입니다. 여러분은 현실 그대로를 솔직하게 말할 만큼 성숙하지도 않습니다. 심지어 그 짐을 우리 어린이들에게 떠넘겼

* 에너지와 자원을 절약하고 효율적으로 사용하여 기후변화와 환경 훼손을 줄이고 경제와 환경이 조화를 이루는 성장.

어요. 그렇지만 전 인기를 얻는 것에는 관심이 없습니다. 제 관심은 기후 정의와 살아 있는 지구입니다. 우리의 문명사회는 막대한 돈을 벌어들이는 극소수 사람들의 기회를 위해 희생되고 있습니다. 지구 생물권* 의 희생으로 제가 살고 있는 스웨덴을 포함한 여러 나라에서 부유한 사람들이 사치스러운 생활을 할 수 있는 거예요. 소수의 호사를 위한 대가로 다수가 고통받고 있는 거죠.

2078년이 되면 전 75번째 생일을 맞이하게 될 겁니다. 제게 아이들이 있다면 그날 아이들과 함께 있을 것이고, 아이들이 여러분에 대해 물어볼지도 모릅니다. 아직 뭔가 조치를 취할 시간이 남아 있었을 때 왜 아무것도 하지 않았느냐고 물을 것입니다. 여러분은 어느 누구보다 여러분의 아이들을 사랑한다고 말하면서 그들이 빤히 보고 있는 눈앞에서 그들의 미래를 훔치고 있는 것입니다.

여러분이 정치적으로 가능한 일보다 반드시 해야만 하는 일에 초점을 맞추기 전에는 우리에게 그 어떤 희망도 없습니다. 위기를 위기로 대하지 않고서는 이를 해결해 나갈 수 없습니다. 화석 연료는 땅속에 그대로 두고 공정성에 집중해야 합니다. 제도 안에서 해결책을 찾는 것이 불가능하다면 제도 자체를 바꿔야 합니다. 우리는 세계 지도자 여러분에게 관심을 구걸하기 위해 이 자리에 온 것이 아닙니다. 여러분은 과거에도 우리를 무시했고 앞으로도 마찬가지겠죠. 핑곗거리는 바닥이 났고 남은 시간도 바닥을 드러내고 있습니다. 우리가 여기에 온 것은 여러분

* 생물이 살 수 있는 지구 표면인 지권과 수권 그리고 대기권.

이 좋든 싫든 변화가 다가오고 있다는 것을 알려드리기 위해서입니다.

진정한 힘은 민중에게 있습니다.

여러분은 어느 누구보다 여러분의 아이들을
사랑한다고 말하면서
그들이 빤히 보고 있는 눈앞에서
그들의 미래를 훔치고 있는 것입니다.

그레타 툰베리(15세)

우리가 외면하는 동안 지구의 미래가 사라져가고 있습니다

아누나 데 베버

Anuna De Wever

벨기에의 기후변화 활동가 아누나 데 베버의 환경운동에 대한 열정은 성 문제에 눈을 뜨면서 일찌감치 시작되었다. 그녀는 버즈피드 뉴스 BuzzFeed News와의 인터뷰에서 이른 나이에 성적 정체성에 대해 의문을 가졌던 것(초등학생 때는 남자아이였으나 나중에는 자기 정체성을 찾는 데 보다 유동적이 되었으며 여성 대명사를 선호한다.)이 세상 돌아가는 이치에 대한 어른들의 상투적인 지혜에 의문을 던지게 만들었다고 말했다. 그 후 2016년에 열린 유엔 여성지위위원회 총회에 참석했을 때 그녀는 기후변화와 자연재해의 영향이 여성에게 더욱 파괴적으로 작용한다는 것을 알게 됐다. 어머니의 제안으로 기후 활동가인 그레타 툰베리의 연설을 본 아누나는 기후 투쟁에 발을 들여놓기로 마음먹고 벨기에의 '유스 포 클라이밋Youth for Climate' 운동을 이끌기 시작했다. 그녀는 세계 곳곳을 돌며 연설했고 다른 청소년 기후 활동가들과 함께 일하며 동료 학생들이 기후를 위한 세계적인 학교 파업에 동참하도록 도왔다.

『데 모르겐』*의 보도에 따르면 앤트워프에서 열린 유스 포 클라이밋의 시위에서 그녀는 이렇게 선언했다. "너무나 오랫동안 정치인들과 지

기후변화 활동가, 아누나 데 베버

도자들은 기후 위기에 맞설 그 어떤 조치도 취하지 않으며 교묘하게 넘어왔습니다. 우리는 더 이상 그들이

기후 위기는 멀리 있는 게 아닙니다. 바로 지금 우리 눈앞에서 벌어지고 있는 일이에요.

아누나 데 베버(18세)

이런 식으로 책임을 모면하게 내버려두지 않을 것입니다. 우리는 숙제를 다 해놓고 학교 파업에 참여합니다. 그런데 그들은 자신들의 숙제에 손도 대지 않았습니다. 우리는 우리의 미래를 위해 싸우는 것이 아니라 모두의 미래를 위해 싸우고 있습니다. 우리는 멈추지 않을 것입니다."

3만 5,000명이 참가한 이 앤트워프 시위는 언론과 정치인들의 관심을 얻었으나 모두 긍정적인 것은 아니었다. 벨기에 플랑드르 지역의 환경부 장관 조크 쇼브리즈Joke Schauvliege는 시위 중인 학생들에 대해 '무단 결석생들은 모두 조작된 것'이라고 말하며 이 청소년 운동 뒤에 모종의 음모가 숨어 있음을 시사했으나 후에 이 발언으로 사임했다.

아누나는 어른들의 노골적인 냉소에 결연한 태도와 끈기로 맞섰다. 그녀는 유스 포 클라이밋의 전 공동책임자였던 키라 간토스Kyra Gantois와 함께 미국의 독일 마셜 기금German Marshall Fund으로부터 제69회 자유 세계의 노아의 방주 상Ark Prize of Free World을 받았다. 그리고 2019년 여름 브뤼셀 포럼에서 청중석의 정치인들을 향해 연설하면서 그동안 정치권에서 이루어낸 것이 얼마나 보잘것없으며 앞으로 처리해야 할 일들이 얼마나 많이 남아 있는지를 강조했다.

* 벨기에의 진보 성향의 신문.

청년 운동과 기후

벨기에 브뤼셀 포럼, 2019년

저는 벨기에에서 온 기후 운동가로 아주 오랫동안 활동을 해왔습니다. 초등학교에 다니던 일곱 살 때 기후를 위한 합창을 하기 위해서 전교생이 시청에 간 적이 있습니다. 그 노래는 이렇게 시작됩니다. '우리는 잠에서 깨어나야 해요. 우리는 떨쳐 일어나야 해요. 눈을 뜨고 더 나은 미래를 만들어야 해요. 우리는 바로 지금 시작해야 해요.'

저는 이제 열여덟 살입니다. 그 후로 벌써 11년이나 지났는데 아무 일도 일어나지 않았어요. 오히려 더 악화되기만 했죠. 기후 위기는 멀리 있는 게 아닙니다. 바로 지금 우리 눈앞에서 벌어지고 있는 일이에요. 모잠비크의 아이들은 불어난 해수면 때문에 홍수가 나서 집이 물에 잠기고 허리케인으로 도시들이 파괴되는 것을 보았으며, 매년 수백만 종의 동물들이 기후변화 때문에 죽어갑니다. 사람들도 기후변화 때문에 죽고 있지만 여전히 눈에 띄는 습관의 변화는 없습니다. 스스로에게 솔직해져 봅시다. 화석 연료에 중독된 사회에서 살고 있으면서도 우리는 어떤 이유에선지 적당히 뒤로 물러나 문제에는 눈을 딱 감은 채 코앞에 닥친 위험으로부터 도망만 치려고 합니다.

우리는 지금 행동에 나서야 합니다. 기후변화가 우선과제가 되었던 적은 없습니다. '끝까지 가보자'는 정신으로 지구에 불러올 결과는 생각하지 않은 채 경제성장만 추구해왔습니다. 그러나 많은 경제학자들이 예전부터 지구를 보호하면서도 경제성장을 이룰 수 있다고 말해왔죠.

130개가 넘는 나라에서 매주 사람들이 거리로 나와 정치적 조치와 기후 정의를 요구하며 파업을 벌이고 있습니다. 우리는 변화를 꿈꿀 수 있을 뿐이지만, 이 방 안에는 그 변화를 현실로 만들어낼 만한 힘을 가진 분들이 있다는 것을 알고 있습니다. 그래서 저는 여러분에게 부탁을 드리려고 합니다. 부디 맨 앞에 나서주십시오. 용감한 결단을 내리는 쪽이 되어주십시오. 때로 제 얘기가 불가능한 소리처럼 들리기도 한다는 걸 잘 압니다. 실존적 위기를 도대체 무엇으로 어떻게 해결할 수가 있겠어요, 안 그렇습니까? 그러나 인류는 스스로 얼마나 많은 일을 해낼 수 있는지 이미 증명해냈습니다. 지난 10년 사이에 우리는 과학기술로 굴러가는 세상을 만들었고, 세계대전을 한 번도 아니고 두 번이나 종식시켰으며, 인간을 달로 보내기도 했습니다.

195개국이 파리협정에 사인했지만 자신들이 정해놓은 목표를 향해 잘 가고 있는 나라는 그중 하나도 없습니다. 파리협정에 명시된 목표를 따르지 않는다면 우리는 한계점에 도달하게 될 것이고 지구는 점점 더 따뜻해지겠죠. 기후변화는 되돌릴 수 없는 지경에 이르게 될 것이고 우리에게 더 이상 미래는 없을 것입니다. 제일 힘든 게 첫걸음입니다. 그 첫걸음은, 제 이야기를 끝까지 듣고 이 방을 나가면서 여러분이 우리의 미래를 위한 싸움에 함께하고 이 혁명의 일부가 되어야 한다는 걸 깨닫는 것입니다.

/

말이 아니라 행동으로 보여주세요

세번 컬리스 스즈키

/

걸스카우트 백 년 역사를 바꾼 숲의 영웅들

리아논 톰티센·매디슨 보르바

/

발리의 바다에서 플라스틱을 몰아낸 자매

멜라티·이사벨 위즌

/

생각 없이 버리는 삶을 버리세요

로렌 싱어

CHAPTER 02

환경보호

바로 지금,
행동에 나서야 해요

말이 아니라 행동으로 보여주세요

세번 컬리스 스즈키

Severn Cullis-Suzuki

캐나다 출신의 기후변화 운동가인 세번 컬리스 스즈키는 겨우 열두 살의 나이에 유엔에서 청중들에게 용기 있는 메시지를 전했다. 그녀는 연설에서 세계의 많은 선진국들이 기후 위기 문제를 해결하고 빈곤층을 원조하는 데 제 역할을 다하지 못하고 있다고 지적했다.

1992년의 연설에서 20년이 넘게 흐른 지금도 그녀의 연설은 소셜 미디어상에서 〈5분간 전 세계를 침묵에 빠트린 소녀〉라는 제목의 유명한 온라인 영상으로 회자되고 있다. 기후 문제 해결의 실패가 불러올 결과를 암울한 말들로 그려 보인 그녀의 메시지는 청중의 심금을 울렸다. 진지한 열정으로 어른들의 최선의 의도(자신의 아이들을 가르치는 것처럼)를 상기시키며 스스로의 양심에 거울을 들이대고 마주 보게 만든 것이다.

세번은 자신이 설립한 어린이환경단체Environmental Children's Organization, ECO에 소속된 아이들과 함께 돈을 모아 리우데자네이루에서 열린 유엔 지구 총회*에 참석했다. 한 인터뷰에서 세번은 자신의 아버지이며 캐나다의 유명한 환경운동가인 데이비드 스즈키가 콘퍼런스에 초대되었을 때

환경운동가, 세번 컬리스 스즈키

자신의 발언 시간 중 10분을 그녀와 그녀의 동료 청소년 활동가들에게 내준 일에 대해 이야기하며, "우리가 너무 어렸기 때문에 걸림돌이 될 거라고 생각해왔던 것들이 오히려 사람들의 관심을 끄는 이유가 되었다."라고 했다.

그녀의 유엔 연설은 어른과 아이를 떠나 기후 문제를 방관하는 것은 삶에서 자신의 도덕관을 지키는 능력에 문제가 있다는 증거라고 일깨운다. 어른이 된 세번은 여전히 기후 정의를 지지하고 세계 지도자들에게 청소년들의 목소리에 관심을 가질 것을 촉구하며 그녀의 1992년 연설의 정신을 이어가고 있다.

* 1992년 브라질 리우데자네이루에서 열린 유엔환경개발회의의 속칭.

아이들의 목소리에 귀를 기울이세요

유엔환경개발회의, 브라질 리우데자네이루, 1992년

오늘 이 자리에 올라오면서 저는 어떠한 숨은 의도도 가지고 있지 않습니다. 그저 저의 미래를 위해 싸우려는 것일 뿐입니다. 저는 다음 세대를 대변하기 위해 이 자리에 섰습니다. 굶주림에 신음하고 있는데도 아무도 그 울음에 귀를 기울여주지 않는 세계 곳곳의 어린이들을 대신해서 이야기를 하고자 합니다. 더 이상 갈 곳이 없어서 죽어가는 전 세계의 수많은 동물들을 대신해서 목소리를 내고자 합니다. 저는 태양 아래로 나서는 것이 두렵습니다. 오존층에 난 구멍들 때문입니다. 저는 공기를 들이마시는 것이 두렵습니다. 그 안에 어떤 화학물질이 있는지 알 수 없기 때문입니다.

여러분이 제 나이였을 때 이런 것들에 대해 걱정하셨나요? 이 모든 일이 우리의 눈앞에서 벌어지고 있는데도 우리는 마치 시간이라면 얼마든지 있고 해결책이라면 뭐든 다 가지고 있는 것처럼 행동합니다. 오존층에 생긴 구멍들을 어떻게 하면 원상 복귀시킬 수 있는지 여러분은 모릅니다. 어떻게 하면 죽어버린 하천으로 연어 떼를 도로 불러들일 수 있는지도 모릅니다. 멸종해버린 동물들을 다시 살려낼 방법도 알지 못합니다. 여러분은 한때 울창했지만 지금은 사막으로 변해버린 숲을 되돌릴 수 없습니다. 해결할 방법을 모른다면 제발 더 이상 망치는 짓을 그만두세요.

여기, 이 자리에 계신 분들은 각국 정부의 대표이거나 사업가, 단체장, 기자, 정치인 들이실 겁니다. 그러나 그 이전에 각자 누군가의 어머니이거나 아버지, 누이이거나 형제, 고모이거나 삼촌이고, 여러분 모두가 누군가의 아이입니다. 저는 비록 어린이지만 우리 모두가 한 가족이라는 것을 압니다. 50억 명 그리고 3,000만 종에 달하는 대가족이죠. 이는 그 어떤 국경도 정부도 바꿀 수 없는 사실입니다. 저는 비록 어린이지만 우리 모두가 한배를 탄 운명 공동체이며 하나의 목표를 향해 세계가 하나가 되어 행동해야 한다는 것을 압니다.

우리나라에서 사람들은 너무나 많은 쓰레기를 만들어냅니다. 끊임없이 물건을 사고 내다 버리기를 반복하죠. 그런데도 북반구 국가들은 도움이 필요한 사람들과 나누려고 하지 않습니다. 이미 넘칠 만큼 많이 가지고 있는데도 나누기를 주저하고 손에 쥔 부를 조금이라도 놓는 것을 두려워합니다.

이틀 전 이곳 브라질에서 우리는 거리에 사는 아이들과 함께 시간을 보내며 충격을 받았습니다. 그중 한 아이가 우리에게 이런 말을 했습니다. “제가 부자였으면 좋겠어요. 그럼 이 거리의 아이들에게 음식과 옷, 약과 잠자리, 사랑과 관심을 나눠줄 거예요.” 아무것도 가진 것이 없는 아이가 기꺼이 나누기를 원하는데 모든 것을 가진 우리는 왜 이렇게 욕심이 많은 걸까요?

유치원에서 어른들은 우리에게 똑바로 행동하는 법을 가르칩니다. 남들과 싸우지 말고, 원만하게 푸는 방법을 찾고, 다른 이들을 존중하고, 자기가 어지른 것은 자기가 알아서 치우고, 다른 생명체를 해치지 말고, 가진 것을 서로 나누고, 욕심을 부리지 말라고 말이죠. 그런데 어째서 어른들은 밖에 나가서 우리에게 하지 말라고 한 일들을 하는 걸까요? 아버지는 늘 이렇게 말씀하셨습니다. "네가 어떤 사람인지 보여주는 것은 네가 하는 말이 아니라 네가 하는 행동이란다." 여러분의 행동이 밤마다 저를 울게 만듭니다. 어른들은 우리에게 사랑한다고 말하지만, 제발 말뿐만이 아니라 행동으로 보여주시는 건 어떨까요.

여러분은 한때 울창했지만
지금은 사막으로 변해버린 숲을
되돌릴 수 없습니다.
해결할 방법을 모른다면
제발 더 이상 망치는 짓을 그만두세요.

세번 컬리스 스즈키(12세)

걸스카우트 백 년 역사를 바꾼 숲의 영웅들

리아논 톰티센·매디슨 보르바

Rhiannon Tomtishen & Madison Vorva

걸스카우트인 리아논 톰티센과 매디슨 보르바는 열한 살 때 걸스카우트 브론즈 상을 타기 위한 계획을 세웠다. 자신들의 영웅인 저명한 영장류 동물학자 제인 구달 박사에게 영감을 얻은 이들은 그녀의 발자취를 따라 멸종 위기에 처한 유인원(구달의 연구 대상인 침팬지 대신 오랑우탄을 선택)에 대해 연구하기로 결정했다.

오랑우탄에 대한 자료 조사는 꼬리에 꼬리를 물고 이어졌고, 이들은 마침내 환경에 재앙적인 결과를 초래하는 야자유의 진실에 대해 알게 되었다. 야자유 농장을 만들기 위해 방대한 열대우림 지역을 벌목한 것이 서식지를 파괴하고 원래 그곳에 살고 있던 오랑우탄을 몰아낸 주요 원인이라는 것을 발견한 것이다. 이를 계기로 캠페인을 시작한 두 소녀는 수년간에 걸쳐 탄원서를 쓰고, 기업 대표들을 만나고, 백악관 밖에서 시위를 하고, 언론에 나서고, 걸스카우트와 수많은 다른 단체들에게 이 일반적인 원료의 사용을 재고해줄 것을 촉구하는 연설을 했다.

유엔은 환경보호 활동을 하는 그녀들을 '숲의 영웅들'이라고 불렀다. 리아논과 매디슨의 캠페인은 해를 거듭할수록 규모가 커져서 이들의

환경운동가, 리아논 톰티센·매디슨 보르바

탄원서에 서명한 사람이 수천 명에 이르렀으며 두 소녀의 영웅인 제인 구달 박사도 그중 한 사람이었다. 이들의 노력 덕분에 걸스카우트뿐 아니라 식품 제조 회사 켈로그 등에서는 야자유에 대한 새로운 정책을 발표했다.

2012년 미국 생체공학자 총회에 참석한 리아논과 매디슨은 자신들의 신념과 활동에 대해 연설하면서 걸스카우트 쿠키가 어떻게 야자유 농장 건설의 파괴적인 속성을 전 세계에 알리고 경각심을 심어주는 모험의 출발점이 되었는지에 대해 열정적으로 설명했다.

우리는 청소년이기 때문에
비이성적으로 보이는 미래라 할지라도
마음껏 상상할 수 있으며
어른의 관점에 제약받지 않고
자유롭게 꿈꿀 수 있습니다.

리아논 톰티센(16세)·매디슨 보르바(17세)

야자유와의 싸움

미국 생체공학자 총회, 미국 캘리포니아, 2012년

매디슨: 걸스카우트 쿠키에 열대우림의 과도한 벌목과 수천 종의 생물의 위기, 인권 유린의 원인이 되는 원료가 들어 있다고 생각할 사람이 몇이나 있을까요? 6년 전까지만 해도 전 상상조차 못한 일이었습니다. 우리가 멸종 위기에 처한 오랑우탄에 대해 연구해보자고 결심한 때였죠. 그리고 인도네시아와 말레이시아에서 4,000만 에이커(16만 2,000제곱 킬로미터)에 달하는 오랑우탄 서식지가 야자유 농장 때문에 사라졌다는 것을 발견했습니다.

리아논: 믿거나 말거나, 초코바에서 화장품에 이르기까지 슈퍼마켓 선반에 놓인 물건들 중 절반 정도가 야자유를 함유하고 있습니다. 우리는 야자유가 들어 있는 건 아무것도 먹지 않기로 결심했습니다. 그런데 걸스카우트 쿠키에도 야자유가 들어 있다는 것을 알고 우리 둘 다 엄청난 충격을 받았어요. 세상을 좀 더 나은 곳으로 만들고 우리가 가진 자원을 현명하게 사용하는 것이 걸스카우트 법이잖아요. 숲을 파괴하지 않는 야자유 사용은 우리가 당연히 해야 할 옳은 일인 것 같았어요. 그래서 우리는 열한 살 때 걸스카우트 조직이 이 문제에 관심을 갖게 만드는 것을 우리의 임무로 삼자고 결심했습니다.

매디슨: 더 많은 사람에게 다가가기 위해 우리는 다양한 환경 단체, 사회

단체들과 손을 잡았어요. 그리고 쉽게 접근할 수 있는 온라인 캠페인을 고안해 'change.org'*에 탄원서를 올렸는데, 7만 5,000명이 서명했습니다.

리아논: 2011년 5월, 캠페인을 시작한 지 5년째 되던 해에 드디어 뉴욕에서 걸스카우트 임원진과 회의를 할 기회가 생겼습니다. 그 뒤 그들은 올바른 방향으로 나아가는 중요한 한 걸음인 새로운 야자유 정책을 발표했죠. 이것은 걸스카우트의 백 년 역사에서 실제로 소녀들에 의해 추진된 최초의 정책이었습니다.

매디슨: 대부분의 사람들은 우리가 변화를 만들어내려고 노력할 때 나이가 걸림돌이 되리라 생각할 거예요. 그러나 우리는 청소년이기 때문에 비이성적으로 보이는 미래라 할지라도 마음껏 상상할 수 있으며 어른의 관점에 제약받지 않고 자유롭게 꿈꿀 수 있습니다.

리아논: 우리는 최대의 약점인 나이를 오히려 강점으로 만들었습니다. 세상을 변화시키는 데는 그 어떤 제약도 없어야 합니다.

* 자선 활동과 사회 변화를 위한 캠페인을 지원하는 웹사이트. 이곳에 청원하면 온라인 서명으로 대중이 지지 여부를 결정한다.

발리의 바다에서 플라스틱을 몰아낸 자매

멜라티·이사벨 위즌

Melati & Isabel Wijsen

인도네시아에 사는 멜라티와 이사벨 위즌 자매는 자신들의 고향인 발리섬에서 비닐봉지를 없애고 사람들의 삶의 터전인 바다를 보호하는 일을 자신들의 임무로 삼았다. 그들이 유엔 세계 해양의 날 행사에서 이 연설을 했을 때 멜라티는 열여섯 살이었고 이사벨은 열네 살이었다.

차가운 음료의 빨대부터 샐러드를 담는 포장용기까지 우리가 날마다 사용하는 플라스틱은 편리하고 값싸고 버리기 쉽지만, 이로 인해 지구는 서서히 병들어 가고 있다. 2019년 여름 콜로라도의 로키산맥에서 과학자들은 하늘에서 떨어진 빗방울 속에 든 플라스틱 섬유 조각들을 발견했다. 해양 관리단에 따르면 해마다 800만 톤의 플라스틱이 바다로 유입되고 있다고 한다. 현재 해양 환경 속에 널리 퍼져 있는 1.5억 톤에 매년 그만큼씩 추가되고 있는 것이다.

학교에서 배운 역사적 인물들의 교훈에서 영감을 얻은 멜라티와 이사벨은 열두 살과 열 살의 나이에 인간의 행동이 가져온 결과를 널리 알리기 위해 '안녕 비닐봉지들아Bye Bye Plastic Bags'라는 단체를 설립했다. 그들은 세계 곳곳을 다니며 메시지를 전하고, 섬에서 자라며 키워온 바

환경운동가, 멜라티·이사벨 위즌

다에 대한 개인적인 애착을 나누는 동시에 청중에게 지금이 바로 행동해야 할 때라는 점을 일깨우고 있다.

멜라티와 이사벨의 행동주의는 사람들의 인식을 높이고 섬 주위로 점점 불어나는 쓰레기 처리에 대해 발리 정부를 압박하는 데 도움이 되었다. 2018년 12월 24일 발리의 주지사 와얀 코스터Wayan Koster는 빨대부터 쇼핑백까지 일체의 일회용 제품 사용을 금지한다고 발표했다. 플라스틱 업계가 소송에 나서 금지령의 적법성을 다투었으나 인도네시아 대법원에서 기각되었다. 이 승리는 좀 더 많은 지역에서 유사한 금지령이 제정되기를 바라는 세계의 환경운동가들에게 중대한 의미를 갖는 것이었다.

위즌 자매의 행동주의는 고향 바닷가를 넘어 세계의 유력 인사들도 주목하고 있다. 두 사람은 『포브스』와 『타임』, CNN과 같은 미디어 단체들에 의해 '세계에서 가장 영향력 있는 십대들'로 선정되었으며 TED와 IMF 세계은행 포럼 그리고 유엔에서 연설하기도 했다.

2017 세계 해양의 날 기념 연설

2017 세계 해양의 날, 유엔 본부, 미국 뉴욕, 2017년

멜라티: 제가 기억하는 한 바다는 늘 우리 삶의 일부였고 우리 모두의 삶의 일부이기도 합니다. 바다는 우리가 숨 쉬고 있는 공기의 70%를 만들어낼 뿐만 아니라 바다를 주 식량원으로 삼는 35억이 넘는 사람들의 삶을 책임지고 있습니다. 또한 지구 위 생명체의 80% 이상을 지탱해주는 생명의 근원이죠. 그러니까 여러분은 스스로에게 이런 질문을 던져도 되는 겁니다. '어째서 우리는 이런 바다를 여전히 함부로 막 대하고 있는 걸까?'

이사벨: 그러기가 너무 쉬워서일 수도 있고 다른 대안을 몰랐기 때문일 수도 있습니다. 그렇지만 오늘날 우리는 선택할 수 있습니다.

멜라티: 비닐봉지를 거부하는 것이 그 첫걸음입니다. 그러면 폐기물이 관리될 것이고 이어서 바다가 깨끗해지겠죠. 간단합니다. 저희 같은 애들이나 할 만한 순진한 생각일 수 있지만, 모두가 지레짐작하듯이 복잡한 것은 절대 아니에요. 엄청 어려운 일도 아니고 그저 마음가짐만 바꾸면 됩니다. 한 번에 비닐봉지 하나씩, 이렇게 마음을 먹는 거죠.

이사벨: 우리는 무작정 '안녕 비닐봉지야'라는 단체를 시작했습니다. 사전에 어떤 계획을 한 것도 아니었고 숨은 의도도 욕심도 없었어요. 사실

우리가 맞서야 할 상대가 뭔지도 정확하게 몰랐던 것 같아요. 발리섬에 사는 사람들이 비닐봉지를 거부하게 만들자는 순수한 목적 하나가 전부였어요. 지금까지 5년 가까이 캠페인을 펼쳐오면서 우리는 밑바닥부터 꼭대기까지 사람들을 두루 만나고 다녔습니다. 열두 나라의 학생들과 여덟 가지 서로 다른 언어로 이야기를 했죠.

멜라티: 그리고 오늘 우리가 이 자리에 선 것은 청소년들이 그저 영감을 주는 대상 이상이 될 수 있다는 것을 보여드리기 위해서입니다. 오늘 여러분의 의사결정을 저희가 이끌어가도록 해주세요. 우리가 살고 싶은 세상을 만들기 위한 해결 방안을 찾는 데 청소년들이 동기를 부여하는 목소리가 되게 해주세요. 오늘 우리가 이 자리에 선 것은 다른 누군가 먼저 행동을 취할 때까지, 또는 우리가 리더가 될 때까지 더 이상 기다릴 여유가 없기 때문입니다. 우리는 지금 여기에 있고 준비가 됐습니다. 변화의 시기로 이보다 더 적절할 수는 없을 거예요.

우리가 살고 싶은 세상을 만들기 위한
해결 방안을 찾는 데 청소년들이
동기를 부여하는 목소리가 되게 해주세요.

멜라티 위즌(16세)

생각 없이 버리는 삶을 버리세요

로렌 싱어

Lauren Singer

로렌 싱어는 뉴욕 대학교에서 환경연구를 전공하고 있었다. 그녀는 4학년 캡스톤 수업*에서 플라스틱 포장용기에 담긴 음식을 먹고 있는 한 친구를 보고 일회용 플라스틱 낭비에 대해 무신경한 모습에 화가 치밀었다. 그녀는 자신의 웹사이트에 '나는 거기 앉아서 생각했다. 지구의 미래가 되어야 할 우리가 쓰레기로 지구를 망치고 있다.'라고 썼다. 그러나 집으로 돌아온 그녀는 자신의 집도 여기저기 플라스틱이 넘쳐난다는 사실을 깨달았다. 자신의 가치관을 입증하기 위해 생활 방식을 바꾸기로 결심한 그녀는 2012년부터 실천해온 '제로 웨이스트' 라이프스타일로 세계적인 주목을 받고 있다. 로렌에게 제로 웨이스트로 산다는 것은 쓰레기 매립지로 어떤 쓰레기도 보내지 않는 것을 의미했다. 이 맹세를 지키기 위해 6년이 넘게 애쓰며 사는 동안 그녀가 불가피하게 만들어낸 쓰레기의 총량은 453그램짜리 작은 유리병에 들어가는 정

* 학위를 따기 전 마지막으로 그때까지 배운 지식과 기술을 총동원해서 독자적인 프로젝트나 논문을 완성하는 코스.

환경운동가 / 인플루언서, 로렌 싱어

도였다.

로렌은 '쓰레기는 생각 없이 던지는 사람들을 위한 거죠Trash is for tossers'* 라는 제목의 개인 블로그와 35만 명이 팔로우를 하고 있는 동명의 인스타그램 계정에 자신의 제로 웨이스트 생활에 대해 계속 기록해오고 있다. 일회용 플라스틱 제품에 대한 의존도를 줄이기 위한 음식 용기와 대나무로 만든 나이프와 포크류, 금속 빨대처럼 재사용이 가능한 물건들을 파는 '패키지 프리Package Free'라는 이름의 회사도 설립했다. 이 회사의 웹사이트에는 다음과 같이 적혀 있다.

'우리는 환경에 이익이 되는 것을 선택하는 일이 쉬워야 한다고 믿습니다. 우리 모두 간단한 노력으로 쓰레기를 줄일 수 있습니다.'

2018년 스톡홀름에서 보다 지속 가능한 식품 체계를 구축하는 일에 관심 있는 사람들을 위해 열린 포럼에서 그녀는 더 나은 지구를 만드는 데 개개인의 선택이 가진 힘에 대해 연설했다.

* 'tosser'는 던지는 사람이라는 뜻과 속어로 멍청한 사람을 가리키는 이중의 의미가 있음.

제로 웨이스트 라이프스타일로 사는 법

EAT포럼18, 스웨덴 스톡홀름, 2018년

6년 전쯤 저는 쓰레기를 그만 만들고 쓰레기 매립지로 아무것도 보내지 말자고 결심했습니다. 뉴욕 대학교에서 환경연구를 전공하는 학생이었기에 벌어진 일이었죠. 저는 진심으로, 그리고 열렬하게 환경을 생각했습니다. 하루는 학교 수업이 끝나고 집으로 돌아와서 저녁을 만들어 먹으려고 냉장고를 열었는데, 전에는 한 번도 눈에 들어오지 않던 게 보이더라고요. 냉장고에 들어 있는 것들이 죄다 플라스틱으로 포장되어 있었습니다. 상추며 음료수며 조미료며 전부 다요. 욕실에 있는 물건도 모두 플라스틱 포장용기에 들어 있다는 걸 깨달았죠. 모든 청소용품과 옷들도 마찬가지였어요. 저도 패스트 패션*에 일조하고 있었기에 정말 많은 옷들이 합성섬유나 플라스틱 원료였습니다.

4년 동안 환경연구를 공부해왔는데 제 아파트에 있던 모든 것들이 플라스틱으로 만들어진 것이었어요. 제가 그토록 반대하던 석유 및 가스 산업에 매일같이 돈을 대고 있었던 셈입니다. 고민 끝에 더 이상 플라스틱을 사용하지 말아야겠다는 결론에 이르렀죠.

삶에서 바꿔야 할 게 아주 많았습니다. 화장품은 전부 직접 만들어

* 값싼 의류를 짧은 주기로 생산해 판매하는 패션 산업.

쓰고, 쇼핑할 때 포장재를 전혀 쓰지 않는 등 지금과 같은 제로 웨이스트 라이프스타일을 가능하게 만들기 위해 해야 할 것들이 여러 가지 있었어요. 저는 제가 깊은 관심을 가지고 있는 환경 지속 가능성과 제 일상의 행동을 일치시키고 싶었습니다. 개인이 환경에 긍정적인 영향을 미치기 위해 할 수 있는 일은 무궁무진합니다.

미국인들은 개개인이 매일 평균 4.5파운드의 쓰레기를 만들어냅니다. 2킬로그램에 해당되는 양이죠. 지난 6년 동안 제로 웨이스트 라이프 스타일로 살면서 포장된 음식은 사지 않았고, 목록을 적어서 미리 쇼핑 준비를 하고 장을 보러 갔으며, 물건은 대량구매를 하고, 음식물 쓰레기는 퇴비로 만들었습니다. 이렇게 하니까 쓰레기 매립지로 갈 쓰레기 8,212파운드, 그러니까 3,725킬로그램이 줄어들더라고요. 이것이 무엇을 의미할까요? 일단 그만큼 쓰레기 매립지에서 인공 메탄이 생성되는 것을 막는 일이 됩니다. 그리고 농산물 직판장에 가서 지역 농부들한테 직접 식료품을 사면서 어떤 농법을 쓰는지 물어볼 수 있으니까 어떤 산업을 보조할지 내가 선택하게 되는 거죠.

나의 선택이 중요하고 개인으로서 우리가 무엇을 하는지가 중요합니다. 우리에게는 힘이 있습니다. 제가 보여드리고자 하는 것은 우리의 집단적 행동이 결국 세계의 상태를 만들어낸다는 사실입니다. 우리가 이 세계의 상태에 대해, 그리고 자신의 행동에 대해 책임을 짊어지기로 결심하고 일상적 행동이 갖는 영향력을 깨닫는 순간 우리는 실제로 세상을 바꿀 수 있습니다.

“

**저는 제가 깊은 관심을 가지고 있는 환경 지속 가능성과
제 일상의 행동을 일치시키고 싶었습니다.
개인이 환경에 긍정적인 영향을 미치기 위해
할 수 있는 일은 무궁무진합니다.**

로렌 싱어(27세)

/

식물 뿌리의 못생긴 혹으로 세계 식량 위기를 해결하려고요

에머 히키·시아라 저지

/

치매를 연구하는 열다섯 살의 과학자

크르틴 니띠야난담

/

우주를 향한 나의 꿈을 나는 믿어주었어요

티에라 플레처(네 귄)

/

독학한 코딩 실력으로 1억 장학금을 받은 고교 중퇴자

자크 라타

CHAPTER 03

과학

과학으로 희망의 씨앗을 심어요

식물 뿌리의 못생긴 혹으로 세계 식량 위기를 해결하려고요

에머 히키·시아라 저지

Emer Hickey & Ciara Judge

에머 히키와 시아라 저지는 세계적 기아와 농업 생산 문제가 파생시킬 광범위한 결과들에 대한 연구로 국제적인 찬사를 받은 과학자들이다. 아일랜드 코크Cork* 출신인 두 사람은 겨우 열네 살의 나이에 이 프로젝트를 시작했다. 에머가 직접 키운 식물의 뿌리에서 발견한 낯선 박테리아를 과학 교사에게 보여주면서부터였다. 그 박테리아의 정체에 대해 좀 더 알게 된 그들은 이것이 다른 작물의 수확량을 높일 수 있는 잠재적 가능성을 눈여겨봤다. 3년이 넘게 1만 4,000종이 넘는 씨앗들을 시험하느라 이들의 연구실은 시아라네 집 손님방에서 시작해서 부엌, 거실, 온실과 정원을 야금야금 차지해갔다.

뿌리혹박테리아가 특정 작물의 수확량을 74% 가까이 증가시킬 수 있다는 것을 발견한 이들은 이 연구 결과를 좀 더 많은 사람들 앞에서 소개할 가치가 있다고 생각하고 여러 과학 경진 대회에 참가했다. 에머와 시아라 그리고 나머지 동료인 소피 힐리 토Sophie Healy-Thow는 젊은 과

* 남서부 먼스터 지방에 있는 아일랜드 제2의 도시.

학자들을 위한 유럽연합 대회European Union Contest for Young Scientists(90개국 이상에서 접수된 수천 개의 출품작 중에 뽑힌 것이다.)와 바이오테크놀로지 젊은 과학자와 기술 박람회the BT Young Scientist and Technology Exhibition, 구글 과학경시대회Google Science Fair를 포함한 몇몇 대회에서 우승을 거머쥐었다. 구글 과학경시대회의 부상으로는 내셔널지오그래픽National Geographic이 제공하는 갈라파고스섬 여행권과 2,800만 원의 장학금, 그들의 연구 프로젝트에 대한 5,600만 원의 지원금, 버진 갤럭틱Virgin Galactic*이 제공하는 우주 비행사 훈련 프로그램 참가권이 주어졌다.

『타임』은 그들을 2014년 '세계에서 가장 영향력 있는 십대들'로 선정했으며 세계적으로 긍정적인 언론 보도가 쏟아졌다. 에머와 시아라는 농업 문제 해결책을 연구하는 데 전념하기 위해 2015년 저미나이드 이노베이션Germinaid Innovations이라는 연구 기관을 설립해서 공동으로 이끌어가고 있고 십대 기업가 육성을 위한 비영리단체인 프로젝트 질크르Project Zilkr를 지원하고 있기도 하다. 그들은 청소년에게 변화를 만들어내는 힘이 있다고 굳게 믿는다. 2015년 '지금 시작하세요Start Now!'라는 제목의 연설에서 두 사람은 자신들의 이야기가 결코 유일무이한 것이 아니며 누구라도 아이디어만 있으면 변화를 만들어낼 수 있다고 강조했다.

* 미국의 민간 우주 탐사 기업.

과학자, 에마 히키·시아라 저지

“

‘하룻밤 사이에 유명해졌더라’가 현실이 되려면 그 전에 수백 번의 밤을 뜬눈으로 보내야 하죠.

에머 히키(18세)·시아라 저지(18세)

지금 시작하세요!

와이어드 넥스트 제너레이션, 영국 런던, 2015년

에머: 이 모든 이야기는 제가 엄마와 함께 텃밭을 가꾸면서 시작되었습니다. 어느 날 콩줄기를 뽑다가 뿌리에 보기 싫은 사마귀처럼 생긴 혹들이 나 있는 것을 발견했죠. 조사를 좀 해보니 콩과 식물의 뿌리에는 뿌리혹박테리아라고 불리는 것이 살고 있다는 걸 알게 됐어요. 그때 처음 알게 된 이 박테리아 때문에 세계 기근 문제를 근본적으로 해결할 수 있는 방법을 찾아보기로 결심한 것입니다. 그게 우리가 열네 살 때 하고 싶었던 일이었어요.

시아라: 정식 연구실이나 뭔가 그럴듯한 걸 구할 방법은 없었어요. 그래서 우리 집의 남는 방에다가 연구실을 차려서 작업을 시작했고 필요한 도구도 다 만들어서 썼습니다. 박테리아를 가지고 연구하는 방법에 대해 학교에서 배운 적이 없어서 일일이 배우러 다녀야 했어요. 그래서 전에는 한 번도 본 적이 없는 과학의 새로운 면을 보게 되었죠. 교과서 밖의 세상 말이에요.

에머: 우리는 쟁반에다 씨앗들을 하나씩 늘어놓고 스포이드로 그 위에 정확한 양의 박테리아를 얹었습니다. 재미있는 점은 여섯 시간마다 이 씨앗들을 하나씩 차례로 들여다보면서 머리카락처럼 가는 뿌리들을 살펴봐야 한다는 거였어요. 여섯 시간마다 이 과정을 반복해야 한다는 건

밤 12시에 1,000개도 넘는 씨앗들을 들여다보고 있어야 한다는 뜻이었죠. 그리고 아침 6시에 다시 일어나서 운이 좋으면 두 시간 정도가 걸리는 그 일을 또 해야 하고요. 2주 동안이나 말이에요.

시아라: 이렇게 1,000개 이상의 씨앗들을 가지고 실험한 뒤 결과를 분석해보니 씨앗의 발아 속도가 실제로 50% 정도 증가했고 생산력은 74%까지 증가했다는 것을 발견했어요. 누가 봐도 식량 위기에 대단히 큰 의미가 있는 결과였죠. 우리는 하늘을 나는 것 같은 기분이었어요.

에머: 사람들은 이런 프로젝트를 해내려면 천재 정도는 되어야 한다고 생각해요. 천만에요. 우리는 천재와는 거리가 멀어요. 근처에도 못 간다고요. 한마디로 성실한 자세와 열정 그리고 많은 행운이 한데 섞여 만들어낸 결과였어요. 수백만 가지도 넘는 박테리아들 중에서 우연히 어떤 하나를 발견했는데 이것을 식물에다가 얹었더니 공교롭게도 제 몫을 해낸 거죠. 진짜 운이 좋았어요. 이 3년짜리 프로젝트에 매달리는 동안 우리가 깨달은 건 무엇이든 열정만 있다면 여러 가지 면에서 그걸 해내는 게 그리 어렵지만은 않다는 거였어요. 물론 엄청나게 많은 장애물을 넘어야 하지만요.

시아라: 만일 여러분이 어떤 프로젝트나 단체 또는 사업을 구상 중이라면 눈앞에 산더미처럼 놓인 일에 지레 겁먹지 마세요. 해야 할 일이 산더미 같은 건 맞지만 단계별로 나누어서 하면 돼요. '하룻밤 사이에 유명해졌더라'가 현실이 되려면 그 전에 수백 번의 밤을 뜬눈으로 보내야 하죠. 우리는 이 프로젝트가 뜻대로 되지 않더라도 최소한 우리가 궁금

했던 건 확실히 알게 될 것이고 세상도 마찬가지일 거라고 생각했어요. 우리가 증명하려고 했던 대로 안 되더라도 뭔가를 증명하기는 할 테니까요. 우리는 우리의 몫을 해내는 것이고 세계의 지식 기반에 어떤 식으로든 이바지하는 일이 되겠죠. 그건 누가 뭐라든 자랑스러워할 만한 일이잖아요. 아주 평범한 청소년들이라도 오늘날 우리가 살고 있는 이 세계에 거대하고 기념비적인 변화를 만들어낼 수 있답니다.

치매를 연구하는 열다섯 살의 과학자

크르틴 니띠야난담

Krtin Nithiyanandam

부상을 입어 한동안 운동을 할 수 없게 된 크르틴 니띠야난담은 과학과 연구 조사 쪽에 부쩍 관심을 갖게 되면서 여유 시간에는 독자적인 연구 프로젝트에 매진했다. 그중 하나가 알츠하이머병의 조기 진단 테스트와 관련된 것이었다. 열다섯 살이던 2015년, 그는 구글 과학경시대회에 자신이 발명한 테스트를 출품해서 2,700만 원의 상금을 받았다.

세계적으로 5,000만 명에 이르는 사람들이 치매를 앓고 있다. 연구자들은 이 중 알츠하이머의 비중이 60~70%에 이를 것으로 보고 있다.* 일상적인 기본 업무 수행, 독립적인 생활 능력 그리고 사랑하는 이들에 대한 기억에까지 영향을 미치는 기억 손실의 가능성도 끔찍하지만 별다른 치료 방법이 없다는 것이 더욱 소름 끼치는 사실이다. 알츠하이머병의 진단이 어려운 것은 치료가 어려운 것과 같은 이유로 신체 내의

* 치매와 알츠하이머병은 서로 다른 것으로, 치매는 질환을 의미한다기보다 기억력 및 기타 추론 능력을 포함한 인지 기능의 상실로 일상생활이 어려운 상태를 의미하는 포괄적 용어이며 모든 연령대에 나타날 수 있다. 알츠하이머병은 치매의 한 유형으로 대뇌 피질이 위축되면서 기억력, 언어력, 주의력 등이 영향을 받는 퇴행성 뇌질환이다.

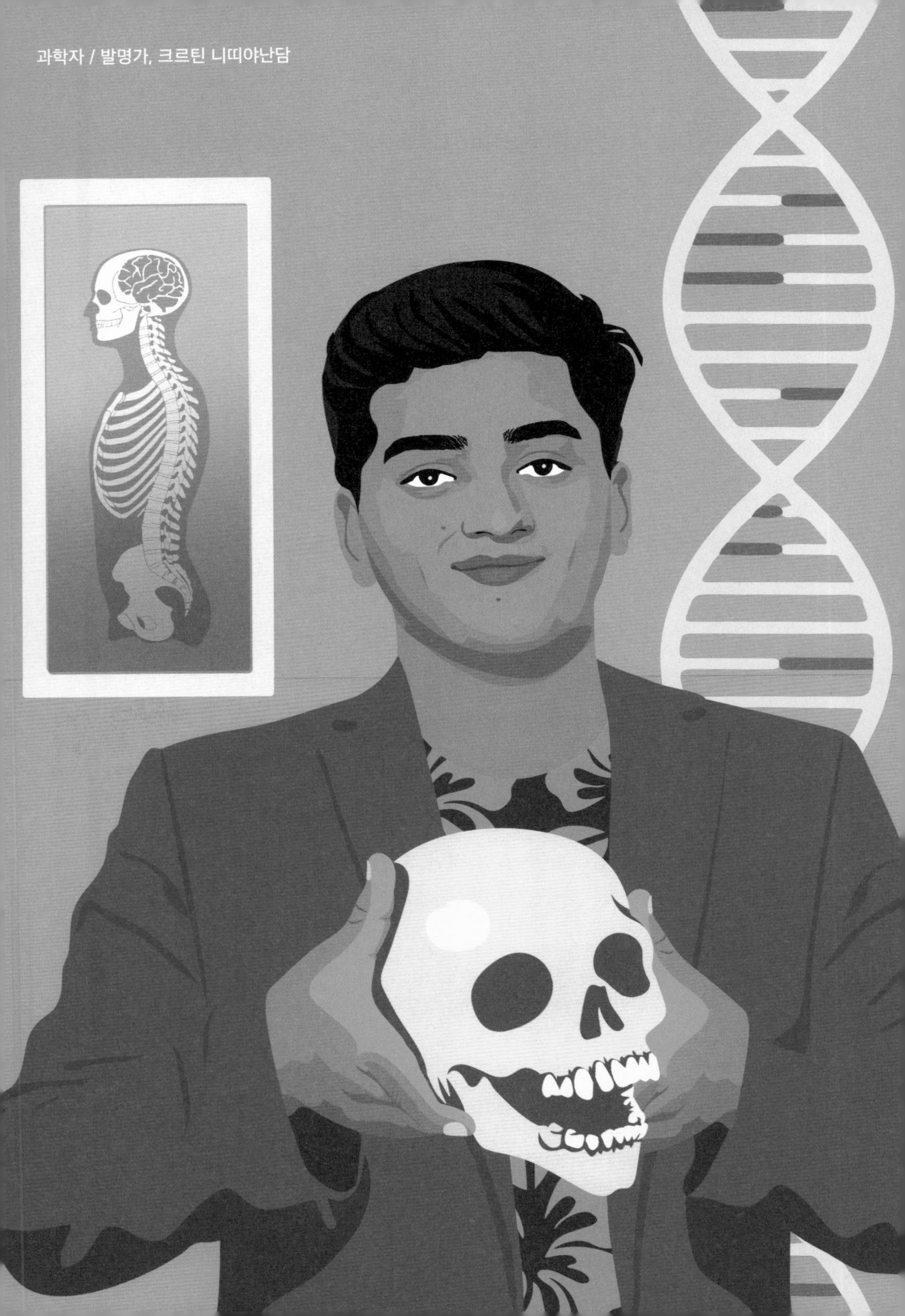
과학자 / 발명가, 크르틴 니띠야난담

이물질과 호르몬, 신경전달물질들에서 뇌를 떼어놓기 위한 반투성 장벽인 뇌혈관 장벽 때문이다. 크르틴은 알츠하이머병의 초기 단계에 작용하는 신경독성이 가장 강한 단백질군과 결합해서 뇌혈관 장벽을 가로지름으로써 병의 진단에 사용이 가능한 기발한 항체 복합체를 개발해냈다.

이 연구로 『옵저버』는 크르틴을 '과학계의 떠오르는 샛별'로 소개했으며 『타임』은 그를 '2017년 세계에서 가장 영향력 있는 30인의 십대들'로 선정했다. 그리고 왕립의학협회Royal Society of Medicine와 같은 곳에서 그의 연구를 공개적으로 발표할 수 있도록 초청받기도 했다. 열여섯 살 때 와이어드 넥스트 제너레이션 콘퍼런스WIRED Next Generation conference* 에서 한 연설에서 그는 자신의 연구에 얽힌 이야기를 하며 다른 청소년들에게도 아이디어를 세계와 공유할 것을 격려했다.

* 13세에서 19세까지의 청소년을 대상으로 한 독특한 교육적 동기부여 행사로 영국 런던에서 열림.

과학은 나이가 아니라 아이디어로 하는 것이다

와이어드 넥스트 제너레이션, 영국 런던, 2016년

제가 연구 조사를 처음 시작한 건 겨우 몇 년 전입니다. 전에는 일주일에 3~4일씩 스쿼시를 하러 가곤 했는데 고관절에 금이 가면서 더 이상 못하게 되자 짜증이 났어요. 그렇지만 달리 생각하면 그렇게 해서 남은 시간에 전에는 해볼 기회가 없었던 새로운 걸 찾아볼 수 있다는 의미잖아요. 과학과 연구 조사가 그런 것들 중 하나였죠.

저의 첫 번째 연구 프로젝트는 중금속 제거 요법에 관한 것이었습니다. 원래 금속 중독 치료에 쓰이는 건데 부작용 때문에 다른 질병 치료에는 사용을 못하고 있었죠. 이 프로젝트는 정말 간단했어요. 연구자들이 알츠하이머병이나 암 같은 다른 질병 치료에 사용될 수 있는 더 나은 금속이온봉쇄제를 개발하는 데 조금이라도 도움이 되면 좋겠다고 생각하면서 어떻게 이런 부작용들을 초래하게 되는지 조사했습니다.

다음으로 전 알츠하이머병에 대해 알아보고 싶었습니다. 세계적으로 4,700만 명의 사람들이 알츠하이머병을 앓고 있고 2010년 통계 조사에 따르면 사회적 비용이 650조에 달한다고 하더라고요. 특히 이 병은 진행을 멈추거나 악화되는 속도를 늦출 약이 존재하지 않는 것으로 악명이 높죠. 그리고 환자의 45% 정도만 살아 있을 때 제대로 진단을 받고 나머지 55%는 사후에야 진단이 내려지거나 아예 진단조차 받지 못한다고 합니다. 조기 진단이야말로 환자에게 좀 더 나은 예후를 보장하는 데 필수적인 거잖아요.

저는 이 병을 보다 일찍 진단할 수 있는 방법을 찾아내고 싶었습니다. 그래서 아밀로이드 베타 단백질이라 불리는 단백질군을 살펴봤죠. 그중에서도 특히 독성이 가장 강한 아밀로이드 베타 단백질로 알려진 올리고머Oligomer는 알츠하이머병 환자들의 뇌에서 아주 두드러지게 고농도를 보입니다. 그래서 증상이 처음 발현되기 최대 10년 전부터 관찰이 가능합니다. 따라서 이 단백질을 타깃으로 삼는다면 환자에게 올바른 진단을 내리는 데 훨씬 유리해지고 긍정적인 예후도 가능하겠다고 생각했죠. 저는 기존의 항체들보다 훨씬 독특한 항체를 고안해냈습니다. 원래 항체들은 너무 커서 뇌혈관 장벽을 통과할 수가 없거든요. 이 문제를 해결하기 위해 저는 '수용체 매개 통과세포외배출'이라고 불리는 방법을 썼습니다. 그래서 결국 뇌 속으로 들어갈 수 있는 항체 복합체를 만들어내는 데 성공했죠.

연구 조사를 하는 과정에서 가장 좌절감을 느꼈던 부분은 이론이나 실험 과정이 아니라 일을 시작하는 것 자체였습니다. 54개의 서로 다른 연구실에 이메일을 보내고 난 뒤 긍정적인 답변을 받은 건 딱 한 곳뿐이었습니다. 그조차도 이메일을 보낸 지 석 달 만에 받은 거였어요. 왜 그랬는지 그 이유는 충분히 납득할 수 있었습니다. 열다섯 살짜리에게서 독성 화학물질과 값비싼 실험 도구들을 사용하게 해달라는 이메일을 받으면 마음이 불편하겠죠. 그러나 전 과학이란 나이가 몇 살이냐가 중요한 게 아니라 아이디어를 가지고 있느냐가 중요한 거라고 생각합니다. 아이디어를 가지고 있는 한 열정을 가지고 할 일이 있는 거잖아요. 열 살부터 열아홉 살까지 십대 인구가 전 세계적으로 12억 명에 이릅니다. 잠재력과 세상을 바꿀 아이디어로 가득 찬 12억 개의 머리가 있는 거예요. 그런데 수많은 아이디어들이 그저 아이디어로 남고 맙니다. 대부분 그 아이디어를 밀고 나가려는 노력을 하지 않기 때문입니다. 그러나 지금처럼 긴밀하게 연결된 상호의존적 세상에서 아이디어를 추진할 수단이 없다는 변명은 더 이상 통하지 않아요. 방법은 나가서 찾으면 됩니다.

“

수많은 아이디어들이
그저 아이디어로 남고 맙니다.
대부분 그 아이디어를 밀고 나가려는
노력을 하지 않기 때문입니다.

크르틴 니띠야난담(16세)

우주를 향한 나의 꿈을 나는 믿어주었어요

티에라 플레처(네 귄)

Tiera Fletcher (née Guinn)

티에라 플레처는 인간을 화성에 보내기 위한 나사의 우주 발사 시스템 프로그램에서 엔진을 만드는 엔지니어다. 그녀는 스물두 살 때 청소년들에게 자원봉사 참여를 독려하기 위해 하루 종일 열리는 위 데이WE Day 이벤트에 참가했다. 발 디딜 틈 없이 가득 찬 경기장에서 그녀는 청소년 청중을 향해 '역사상 가장 큰 로켓'을 소개했다. 그 로켓은 완성이 되면 무게가 18만 8,000파운드(약 8만 5,275킬로그램)에 달하고 똑바로 세웠을 때 높이가 322피트(약 98미터)에 이를 것으로 예상되었다.

티에라는 여섯 살 때부터 숫자와 뭔가를 만드는 일에 푹 빠졌다. 레고나 집짓기 블록들, 공작용 판지와 연필, 색연필, 크레용과 같은 재료를 가지고 머릿속으로 상상한 것을 종이에 드로잉으로 옮기거나 직접 물건으로 만들어내곤 했다. 몇 년 후에는 항공우주공학에 대한 관심에 불이 붙었다. 열한 살 때 학교에서 하는 프로그램에 참가해 공학에 대한 여러 가지 경험을 두루 체험해볼 기회를 갖고 난 뒤 항공우주산업과 '사랑에 빠진' 것이다. 티에라는 매사추세츠 공과대학MIT을 졸업하고 보잉사에서 정식 직원으로 일을 시작하면서 동료 항공우주공학자인 마이런 플레처Myron Fletcher를 만나 결혼했다. 그들은 함께 '플레처 가족과 함께 로켓을Rocket with the Fletchers'이라는 제목으로 리서치와 과학, 공학에 관한 글을 인터넷에 올리며 온라인 세상에서 비주류 공학자들의 입지를 높이고 다음 세대 혁신가들을 위한 롤 모델이 되고 있다.

항공우주공학계에 몇 안 되는 흑인 여성 중 하나인 티에라는 다른 이들을 위한 길잡이가 되는 일에 열정을 가지고 있다. 그녀는 위 데이WE Day에서 현실에 변화를 도모하고 다양한 직업에서 여성들의 입지를 높이는 데 앞장서도록 청중을 격려했다. 그녀는 MIT에서 높은 학업 성적을 거두고 캠퍼스 내 소수자들의 삶의 질을 향상시키기 위해 노력한 학생들에게 주는 알버트 힐 상Albert G. Hill Prize과 2019 올해의 흑인 공학자 상 중 '가장 촉망받는 공학자' 상을 포함한 수많은 상을 수상했다.

“

보잉사와 나사에 들어가는 것은
쉽지 않은 일입니다.
세상에 쉬운 꿈이란 없죠.
꿈을 이루기 위해서는 언제나 싸워야 합니다.
집중력과 결단력이 있어야 해요.

티에라 플레처(22세)

로켓 디자인 및 분석 공학자, 티에라 플레처(네 귄)

스물두 살의 나사 로켓 공학자

위 데이, 미국 워싱턴 시애틀, 2017년

여러분이 보시다시피 저는 젊은 흑인 여성입니다. 덕분에 항공우주산업이 놀라운 발전을 이루었는데도 이 업계에서 저는 소수자 중에서도 극소수자에 속합니다. 페미니즘을 둘러싼 말들 중 위험한 경향을 보이는 것이 있습니다. 우리가 평등을 이미 '쟁취했다'는 믿음과 그래서 더 이상 페미니즘은 필요 없다는 생각입니다. 이런 생각은 여기서 멈춰야 합니다. 우리 이전의 여성들이 용감하고 큰 영향력을 미쳤던 건 사실이지만, 우리가 이미 목적지에 도달했다고 보는 건 위험천만한 일입니다. 바로 그 휴식의 순간에 우리는 진보를 멈추고 후퇴하게 되는 것입니다. 여러 직업군에서 여성들의 입지와 지위가 향상되고 있지만 성별에 따른 격차는 엄연히 존재하고 과학계에서 여성들의 숫자는 남성들에 비해 여전히 뒤처집니다. 그러나 우리에게는 이것을 바꿀 힘이 있습니다. 그렇지 않습니까?

여섯 살 때 저는 수학자가 되고 싶었습니다. 식료품점에 장을 보러 갈 때마다 엄마는 미리 잘라놓은 쿠폰을 제게 주셨습니다. 그러면 전 계산대로 갈 때까지 세금을 포함해서 우리가 장을 본 물건이 총 얼마인지 정확히 계산해내야 했죠. 그다음으로 저는 발명가, 과학자, 건축가가 되고 싶었습니다. 그리고 얼마 후에는 비행기와 로켓을 디자인하는 일을 하고 싶어졌습니다. 다양한 여름 캠프와 방과 후 활동에 참가하며 수학과 과학에 대한 애정을 키운 것이 제 목표에 조금씩 더 가까이 다가갈 수 있도록 해주었죠. 저는 열심히 일했고 공부는 더 열심히 했습니다. 그리고 지금은 MIT에서 항공우주공학을 전공하고 있습니다.

보잉사와 나사에 들어가는 것은 쉽지 않은 일입니다. 세상에 쉬운 꿈이란 없죠. 꿈을 이루기 위해서는 언제나 싸워야 합니다. 집중력과 결단력이 있어야 해요. 여성은 강합니다. 누구도 반박할 수 없는 사실이지요. 평등을 위한 싸움은 숫자로 드러나는 것뿐만 아니라 슈퍼마켓에서 산수를 하며 신이 난 어린 소녀나 인류를 화성으로 보낼 로켓을 만들 날을 고대하는 미완의 엔지니어의 작은 성공 사례 속에도 있습니다. 우리 모두가 세상을 바꿀 힘을 가지고 있어요. 그것은 화성을 향한 인류의 장대한 여행을 준비하는 일이 될 수도 있고, 단순히 내가 관심 갖는 것에 대해 인식을 높이는 일이 될 수도 있습니다. 그러니 여러분 주위의 청소년들이 꿈을 성취할 수 있도록 그들에게 힘을 주십시오. 그들의 호기심을 격려해주고 경외감을 잃지 않게 해주고 다른 이들의 목표를 응원해주세요. 그리고 무엇보다 가장 중요한 것은 스스로를 믿는 것입니다.

독학한 코딩 실력으로 1억 장학금을 받은 고교 중퇴자

자크 라타

Zach Latta

자크 라타는 컴퓨터 프로그램 코딩 작성법을 배우면 인생을 바꿀 수도 있다는 것을 직접 경험한 비영리재단의 설립자다. 어렸을 때 그는 자신이 살고 있는 로스앤젤레스 외곽 도시에는 흥미를 끌 만한 진로가 별로 없다는 것을 알았다. 그러다가 웹사이트, 그것도 사람들이 좋아할 만한 웹사이트를 만들 수 있다는 것을 알고 나서 비로소 목적의식을 갖게 되었다. 고등학교 때 인기 있는 앱 기반의 게임들을 개발한 그는 정식 직원으로 일하기 위해 학교를 중퇴하고 샌프란시스코로 가서 '요Yo'라고 불리는 메신저의 선임 엔지니어가 됐다.

열일곱 살 때 자크는 2년 기한의 보조금인 티엘 장학금을 받았다. 평이 극과 극으로 나뉘는 하이테크 업계의 거물이자 페이팔 공동창업자인 피터 티엘Peter Thiel이 설립한 이 장학금은 회사 창업과 같은 독자적인 목표 추구를 장려하기 위해 수혜자에게(최소한 장학금을 받는 기간 동안만이라도) 대학에 진학하지 않는 것을 조건으로 한다. 그래서 자크는 장학금을 받는 기간 동안 방과 후 모임으로 고등학생들이 코딩 공부를 할 수 있게 도와주는 비영리 코딩 클럽 네트워크인 핵 클럽Hack Club*을 만들

과학기술 전문가 / 핵 클럽의 창립자, 자크 라타

기로 결심했다. 핵 클럽 활동으로 그는 『포브스』가 매년 두각을 보이는 30세 미만의 기업가나 활동가를 선정하는 '30세 미만의 인물 30인'에 이름을 올렸다.

스무 살 때 그는 샌프란시스코에서 비영리 사회사업에 관심 있는 전문직 종사자들을 위해 열리는 행사인 '좋은 지구 촉진 콘퍼런스Accelerate Good Global Conference'에서 연설했다. 청중에게 자신의 이야기를 하며 자크는, 미국 청소년들이 느끼는 절망감에 관한 통계가 걱정스러운 수치를 보여주고 있는데 자신이 자랑스럽게 생각하는 핵 클럽의 결과물 중 하나가 참가자들에게 자신이 몇 년 전 코딩을 통해 찾았던 희망과 같은 믿음을 심어주는 것이라고 말했다.

* 핵 클럽의 'Hack'은 '해킹하다'라는 뜻의 동사.

미래를 해킹하다

좋은 지구 촉진 콘퍼런스, 미국 캘리포니아 샌프란시스코, 2018년

자라는 동안 사람들은 제가 정유 공장이나 군사 기지, 이 둘 중 한 곳에서 일하게 될 거라고 했습니다. 저는 두 명의 이상주의적인 사회복지사들 손에 자랐어요. 자신이 대우받고 싶은 대로 남을 대우하라는 황금률을 제게 가르치셨죠. 이 세계에서 나는 어떤 존재인지를 알아내기 위해 애쓰던 아이는 사람들을 살상하는 무기를 만들거나 환경을 파괴하는 일을 도우며 살아가는 미래가 도무지 용납되지 않았어요. 그래서 결국 혼란에 빠졌죠. 저한테는 미래가 없다고 생각했어요.

어느 날 밤 구글을 하다가 우연히 기가 막힌 행운을 잡게 됐습니다. 코딩에 대해 알게 된 거죠. 조악하고 형편없는 웹사이트들을 수도 없이 만들면서 꽤 오랜 시간을 보냈는데도 주위에 코딩에 관심 있는 친구는 커녕 컴퓨터 코드를 써본 적이 있는 사람조차 만난 적이 없어서 거의 포기하다시피 했어요.

그런데 사람들이 실제로 원하는 것, '그랄Graal'이라고 이름 붙인 이 게임을 만들고 나서 모든 것이 달라졌습니다. 그랄은 인기가 정말 좋았어요. 사람들이 그랄을 어찌나 좋아했던지 게임 속에서 게임에 대한 웃긴 뮤직비디오를 만들어 올리는 등 기발한 짓들을 했어요.

이것은 제 삶을 엄청나게 성장시킨 경험이었습니다. 프로그램 코드를 짜는 법을 배우면서 저는 저 스스로 코드*가 되는 법을 배웠습니다. 중요한 건 저 자신이라는 걸 깨달은 거죠. 살면서 처음으로 제 미래가 그려졌습니다.

마침내 고등학생이 되고 나서 정말 힘들었어요. 학교를 많이 빠졌거든요. 엄밀하게 따지자면 무단결석생이었죠. 1학년을 마치자마자 학교를 그만뒀습니다. 그래도 주유소에서 일하는 대신 기술산업 분야에서 일할 수가 있었습니다. 코딩을 할 줄 아는 덕분에요. 과학기술 업계의 악명 높은 백만장자에게서 1억 원을 받았을 때 저는 다른 사람들처럼 영리 목적의 무언가를 하는 대신 비영리를 목적으로 한 가지 일을 시작했습니다. 코딩이 사람들의 삶을 바꿔놓을 수 있다는 것은 사실이고 이렇게 많은 힘을 부여할 수 있는 일을 그저 운에 맡겨둬서는 안 되니까요. 그런데 그것이 지금 우리의 현실입니다. 2018년에도, 2000년 하고도 18년이 흐른 지금도 전국 학교의 60%는 그 어떤 컴퓨터 수업도 하고 있지 않습니다.

저는 운이 좋았어요. 운이 좋지 않았다면 제 삶의 버전은 다른 게 되었겠죠. 그래서 제가 핵 클럽을 시작하게 된 겁니다. 핵 클럽은 고등학교 학생들이 학교에서 해주기를 바랐던 컴퓨터 과학 프로그램을 스스로 시작할 수 있도록 돕습니다. 학생 주도 동아리로 매주 방과 후 두 시간씩 모여서 함께 코딩을 배우는 겁니다. 경험이 전혀 없는 상태로 시

* 여기서 코드는 규칙, 규정의 의미.

작해서 첫 번째 모임이 끝나면 다들 자신의 첫 번째 웹사이트를 개설합니다. 그리고 세 번째 모임이 끝날 때쯤에는 각자 첫 번째 게임을 만들고, 학교를 졸업할 때가 되면 수십 개의 프로젝트 결과물을 세상에 내놓죠. 그동안 같은 지역의 다른 핵 클럽들이 여는 행사에도 지속적으로 참여하면서 스스로 소속감을 갖기도 하고요. 그 뒤로도 우리 학생들이 해내는 놀라운 일들은 계속해서 이어지고 있습니다.

2017년에 우리는 세계적으로 만 명의 학생들을 키워냈습니다. 2년 전 처음 시작했을 때만 해도 핵 클럽은 그저 작은 아이디어에 지나지 않았지만, 그 후 하나의 운동으로 성장해온 것입니다.

주유소에서 일하는 대신
기술산업 분야에서 일할 수가 있었습니다.
코딩을 할 줄 아는 덕분에요.

자크 라타(20세)

/

췌장이 어디에 붙어 있는지도 몰랐어요

잭 안드라카

/

로봇 팔로 사람들에게 더 나은 삶을 만들어줄 수 있다면

이스턴 라샤펠

/

시에라리온의 판자촌에서 MIT의 최연소 연구원으로

켈빈 도

/

비행기 안에서 안전하게 숨 쉬는 방법

레이먼드 왕

/

사소한 것에 세상을 바꾸는 힘이 있어요

케네스 시노즈카

CHAPTER 04

발명

작은 아이디어 하나로 세계를 깜짝 놀라게 할 수 있어요

췌장이 어디에 붙어 있는지도 몰랐어요

잭 안드라카

Jack Andraka

가족과 가깝게 지내던 친구가 췌장암으로 사망한 후 잭 안드라카는 이 낯선 병에 대한 조사를 시작했다. 그리고 이 병이 대부분 너무 늦게 발견돼서 의학적 치료가 효과를 보는 시점을 놓치는 경우가 많다는 것을 알게 되자 해결책을 만들어보기로 결심했다. '췌장이 어디 붙어 있는지도 모르는' 단계에서 출발한 그는 열다섯의 나이에 국제적인 스포트라이트를 받기에 이르렀다. 그가 개발한 저렴한 췌장암 진단 종이 센서가 2012년 인텔 국제과학전람회에서 1등상을 거머쥔 것이다.

자라면서 우리는 변화를 만들어내려면 말을 잘하거나 수년에 걸쳐 쌓은 경험이 있거나 적절한 인맥이 받쳐주거나 하는 것처럼 특정한 자질이 있어야 한다는 이야기를 귀에 못이 박히도록 듣는다. 그래서 잭은 과학적 조사에 대한 열린 접근으로 혁신을 이루어낸 자신의 이야기가 공적인 정식 자격 없이 과학 연구 및 개발을 하는 것은 불가능하다고 생각해온 사람들에게 자신감을 불어넣어 주기를 바란다.

또한 잭은 스스로 동성애자 과학자임을 공개적으로 선언하면서 과학과 기술 분야의 포용력을 보다 넓히는 데 이바지하고 있다. 그는 자

발명가 / 연구원, 잭 안드라카

신이 아는 몇 안 되는 성소수자 롤 모델 중 하나로 앨런 튜링Alan Turing*을 꼽으며 그 역시 앨런 튜링처럼 다른 이들에게 과학자의 길을 걷도록 영감을 주고자 한다. 엑스프라이즈 비저니어링 총회에서 한 연설에서 그는 자신의 이야기와 함께 최신 발명품인 저렴한 분광 장치를 발표했다. 최근 그는 온라인 콘텐츠 유료화의 벽이 과거의 자신과 같은 길을 걷고 있는 수백만의 사람들에게 걸림돌로 작용해서는 안 된다고 주장하며 과학 연구에 대한 열린 접근을 적극적으로 지지했다.

* 현대 컴퓨터의 아버지로 불리는 영국의 수학자이자 과학자. 프로그래밍이 가능한 가설적 기계 장치인 튜링 머신을 구상해 컴퓨터 공학 및 정보공학의 이론적인 토대를 마련했으나 성소수자를 인정하지 않는 당시 영국 사회에서 큰 차별을 받았다.

비전 토크

엑스프라이즈 비저니어링 총회, 미국 캘리포니아, 2013년

가족과 가깝게 지내던 친구를 암으로 잃고 나서 아이디어가 하나 떠올랐습니다. 인터넷을 동원해서 그를 앗아간 이 베일에 싸인 암살범에 대해 많은 것을 알아봤죠. 암에 대한 이야기는 굉장히 암울한 것들밖에는 없더라고요. 췌장암 환자의 85%가 생존 확률이 2%도 남지 않았을 때에야 암 진단을 받는다고 합니다. 우리는 왜 췌장암을 제때 발견하지 못하는 걸까요?

이런 사실을 알게 된 후 저는 뭔가 해야겠다고 마음을 먹었습니다. 중학교 3학년 생물학 지식과 구글 검색으로 찾아낸 자료들로 무장한 후 암 연구에 일대 혁신을 일으킬 것이라는 거창한 기대를 품고 작업에 착수했습니다. 이후 300명의 교수들에게 이메일을 쓰고 그중 299명에게서 거절을 당하고 연구실에 7개월 동안 틀어박혀 있으면서 제 자리를 50번쯤 폭발로 날려먹었죠. 그러고 나니 열 달이 지났더라고요. 마침내 작은 종이 센서를 손에 쥐게 되었습니다. 가격은 3센트 정도에 작동 시간은 5분이면 충분했고, 무엇보다 암을 초기 단계에 발견해낼 수 있었습니다. 췌장암 환자의 생존율을 높일 수 있게 된 거죠.

그렇지만 문제가 있었습니다. 이것이 항체에 근거한 센서다 보니 오직 하나의 단백질만 표적으로 삼을 수가 있다는 겁니다. 의학의 미래

는 모든 질병을 면밀하게 진찰해내는 방향으로 나아가고 있습니다. 요즘 저는 라만 분광계Raman Spectrometer*라고 불리는 것을 만드는 중입니다. 기존의 것들에 비해 간단하고 저렴한 것을 개발해내는 데 제가 좀 운이 따르는 편이죠. 그래서 각설탕 크기만 한 것을 만들어냈습니다.

한번 상상해보세요. 췌장암 진단기에 대한 아이디어를 생각해냈을 때 저는 열네 살이었습니다. 췌장이 뭔지도 몰랐죠. 그런데 구글과 위키피디아만 가지고 췌장암을 진단해내는 새로운 방법을 발견했습니다. 제가 이런 일을 할 수 있다면 여러분은 과연 어떤 것을 해낼 수 있을지 상상해보시기 바랍니다.

* 물질에 조사된 빛이 산란되는 과정에서 파장이 변화한다는 사실을 발견한 인도의 물리학자 '라만' 박사의 이름을 딴 장비로 반도체 소재, 고분자 소재 등의 분석에 많이 쓰인다.

로봇 팔로 사람들에게 더 나은 삶을 만들어줄 수 있다면

이스턴 라샤펠

Easton LaChappelle

이스턴 라샤펠은 열네 살에 로봇 손 견본품을 만들어내며 발명 경력을 시작했다. 2013년 '학교에 갈 시간이 없어요'라는 제목의 연설을 통해 그는 콜로라도에서 열린 과학전람회에서 우연히 만난 한쪽 팔을 잃은 일곱 살짜리 소녀가 어떻게 그의 눈을 뜨게 해주었는지에 대해 이야기했다. 무려 8만 불짜리 의수를 달고 있는 그녀를 본 이스턴은 자신이 연구 중인 것을 로봇 팔에 적용해서 보철 장치 산업을 변화시키고 사람들에게 도움을 줄 수 있다는 것을 깨달았다. 3D 프린터 기술을 사용하고 그의 디자인을 개방형 소스로 바꾸면 기존 의수에 비해 저렴하고 무게도 한결 가벼운 데다 생산 속도가 빠르고 유지도 쉬우며 생각한 대로 작동하는 의수를 만들 수 있다. 그렇게만 된다면 수많은 장애인들의 삶에 일대 변혁을 가져올 수 있을 것이다. 이런 그의 작업이 세계적으로 인정받게 되면서 백악관에 초청을 받은 그는 자신의 로봇 의수를 사용해 오바마 대통령과 악수를 나누기도 했다.

발명가, 이스턴 라샤펠

그 의수 하나가 자그마치
8,700만 원이 넘는다고 하더라고요.
그 순간 무언가가 가슴에 딱 꽂히는
느낌이 들었어요.

이스턴 라샤펠(16세)

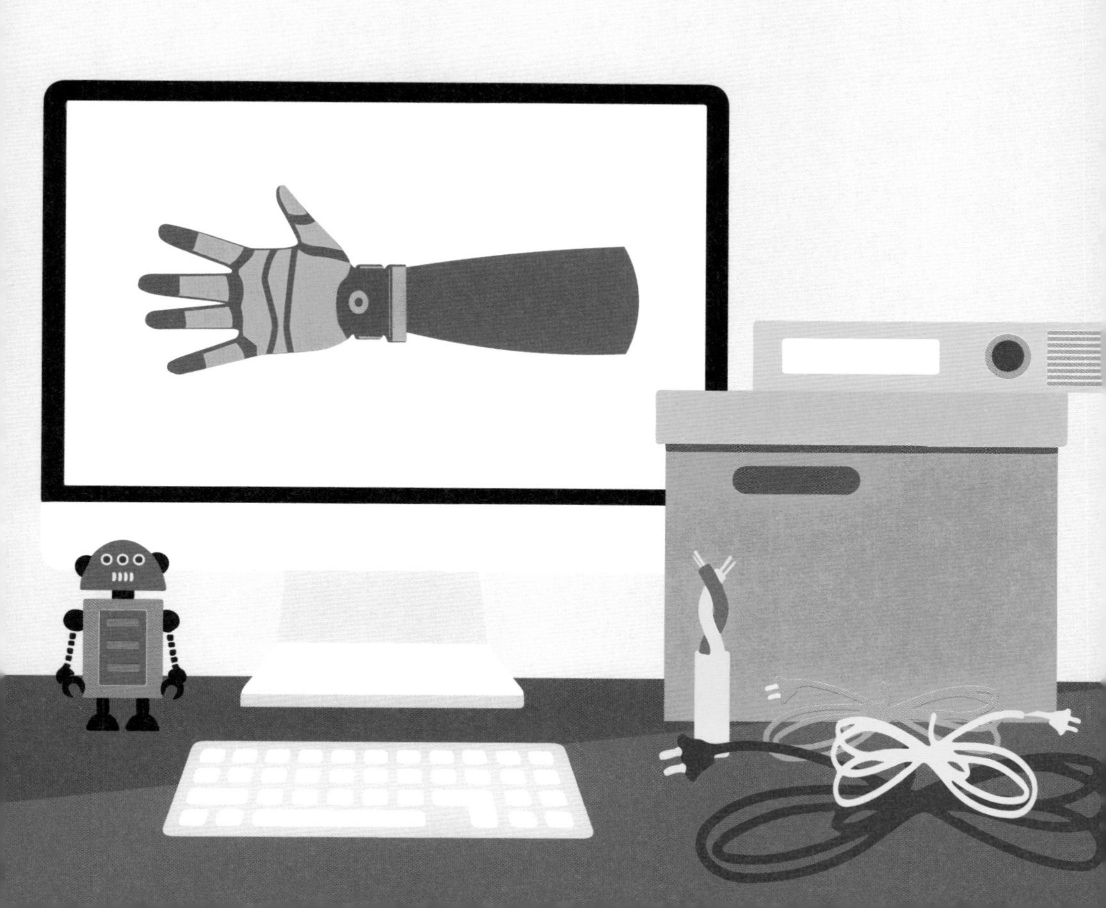

학교에 갈 시간이 없어요

BIF-9 공동 혁신 회담, 미국 로드아일랜드 프로비던스, 2013년

열네 살 때 아이디어가 하나 떠올랐습니다. 무선 조종 장갑으로 움직이는 로봇 손을 만들어보자는 것이었죠. 주요 학습 도구로 인터넷에 의지해서 프로그래밍과 전자공학, 여러 종류의 기계학, 캐드CAD, 소프트웨어 등 이 프로젝트에 필요한 모든 것을 독학으로 배웠습니다.

최초의 시제품은 진짜 근사했어요. 전기 테이프와 배관으로 만든 손가락들을 레고로 연결한 로봇 손이었는데, 제가 가지고 있는 것들로만 만들었지만 정말 성공적이었습니다. 장갑을 끼고 움직이면 로봇 손이 무선으로 그 동작을 따라서 하죠. 여러분이 어디에 있든지 상관없이 폭탄 제거나 군사적 용도로 손의 움직임을 정확하게 조종할 수 있습니다. 이 장갑을 끼면 마치 실제로 그 장소에 있는 것과 마찬가지죠. 로봇 손이 여러분이 움직이는 대로 움직이니까요.

이 세계에 발을 들여놓자마자 저는 더 많은 것들, 더 멋진 것들을 만들고 싶었습니다. 점점 진화 중인 3D 프린팅이라 불리는 신기술이 있었죠. 저는 콜로라도에 있는 한 회사로 로봇 손에 들어가는 모든 디자인을 보내 3D 프린트 제작을 의뢰했습니다. 그랬더니 손만 출력하는 데 50만 원이 넘는 견적을 보내왔더라고요. 열네 살짜리한테 자기 아이디어에 투자할 50만 원이 있을 리가 없었죠. 그 후 어떻게 해야 할지 모르

겠더군요. 그래서 인맥을 동원하기 시작했습니다. 개인용 3D 프린팅 회사인 메이커봇 산업MakerBot Industries에서 일하는 친구가 있었는데 어느 날 밤 그 친구가 자기 회사 프린터기에 제 디자인을 넣었고, 저는 배송비만 지불했습니다. 그래서 이 일이 진척될 수 있었어요. 새로운 로봇 손은 기능도 더 많고 전기 테이프로 덕지덕지 뒤덮인 손보다 훨씬 실용적입니다. 손가락 마디마디 모두 제어가 가능하고 물건을 쥘 수 있게 해주는 엄지손가락도 있죠.

1세대 로봇 팔을 가지고 콜로라도에서 열린 과학전람회에 참석해서 사람들에게 보여주고 있었는데 한 일곱 살 소녀가 제게 다가왔습니다. 그 아이는 팔꿈치부터 손가락까지 이어진 의수를 끼고 있었어요. 그런데 손을 벌리고 오므리는 한 가지 동작만 가능하고 센서도 하나뿐이었습니다. 그 의수 하나가 자그마치 8,700만 원이 넘는다고 하더라고요. 그 순간 무언가가 가슴에 딱 꽂히는 느낌이 들었어요. 강한 깨달음의 순간이었다고 할까요. 제가 이미 하고 있는 연구를 보철 장치에 바로 적용하면 사람들에게 더 나은 삶을 만들어줄 수 있지 않을까 하는 생각이 들었습니다.

시에라리온의 판자촌에서 MIT의 최연소 연구원으로

켈빈 도

Kelvin Doe

시에라리온의 수도인 프리타운의 가난한 판자촌에서 다섯 아이들 중 막내로 자란 켈빈 도에게는 전기공학에 대해 정식으로 배울 기회가 별로 없었다. 대신 동네에 버려진 폐전자 제품들을 찾아서 가지고 놀다가 더러 집으로 가져와 서툰 솜씨로 고쳐보려고 애를 썼다. 그의 노력은 성과가 있었다. DVD 플레이어의 낡은 부품들을 이용해서 배터리를 충전하는 발전기와 음악 라디오 방송 장비를 만들어낸 것이다. 이 장비에 그는 '디제이 포커스DJ Focus'라는 이름을 붙여주었다.

켈빈의 탁월한 재능에 관심을 보인 매사추세츠 공과대학MIT의 객원 연구원인 데이빗 셍게David Sengeh는 그를 발명가 방문대표단에 합류하도록 초대했다. 그리고 열다섯 살의 나이에 그는 MIT의 최연소 객원 연구원이 되어 언론의 주목을 받았다.

청소년 테드엑스TEDx Teen 등 다수의 콘퍼런스에 초청을 받은 그는 미국 곳곳을 돌며 연설했다. 혁신과 가장 거리가 멀어 보이는 상황에서 혁신을 만들어낸 그의 이야기는 가는 곳마다 청중을 사로잡았다. 구글 이스라엘에서 한 연설에서 그는 자신의 경험을 청중과 나누며 자신처

발명가, 켈빈 도

럼 주위 환경에 개의치 않고 창의적인 열정을 불태우는 청소년들에게 용기를 북돋아줄 것을 권했다.

문샷 싱킹(Moonshot Thinking)*

구글 이스라엘, 이스라엘 텔아비브, 2013년

열한 살 때부터 저는 집으로 돌아가는 길에 버려진 금속 부품들을 줍기 시작했습니다. 어머니는 한밤중에 잠에서 깰 때마다 우리 집 거실이 작은 폐전자 제품 처리장처럼 변해 있는 걸 보시고는 얼른 침대로 돌아가라고 제 등을 떠밀곤 하셨죠. 그 폐품들을 가지고 저는 배터리와 FM 라디오 방송국처럼 멀쩡하게 작동되는 물건들을 만들어낼 수 있었습니다. 저는 인근 주민들의 고장 난 라디오를 공짜로 고쳐주기 시작했어요. 시에라리온의 제가 사는 지역에서는 집집마다 제일 소중한 재산이 라디오거든요. 뉴스와 음악을 접할 수 있는 주된 매체이고 온 가족의 오락시간을 책임지니까요.

저는 저만의 회로판과 음향 증폭기 그리고 마이크 수신기를 만들기로 마음을 먹었습니다. '디제이 포커스'라는 이름도 짓고 지역 사람들을 위해 음악을 틀기 시작했어요. 저는 음악 방송국 디제이들의 목소리에 귀를 기울이는 걸 무척이나 좋아했습니다. 언젠가는 그들처럼 라디오에서 제 목소리가 흘러나올 날을 꿈꿨죠. 그러다가 열네 살에 나만의 라디오 방송국을 만들 수 있다는 생각이 번뜩 떠오른 겁니다. 이 아이디

* 남들이 달을 더 잘 보려고 망원경의 성능 개발을 놓고 경쟁할 때 달에 갈 수 있는 탐사선 연구를 시작하는 것처럼, 도전적이고 혁신적인 사고로 남들이 불가능하다고 하는 문제에 접근하는 것을 말한다.

어를 실행에 옮기느라 며칠 밤을 매달렸는지 몰라요. 저는 지붕으로 기어 올라가서 안테나를 조정하고 드디어 제 FM 라디오 방송국의 문을 열었습니다.

그런데 제 방송 신호가 시에라리온의 유명 라디오 방송국에 전파 방해를 일으키고 있다는 사실을 알고 난감한 상황에 빠졌죠. 어머니는 제게 체포되고 싶지 않으면 방송을 중단하라고 말씀하셨습니다. 그렇지만 다행히도 주파수를 바꿔서 방송을 계속할 수가 있었어요. 시에라리온 국영 방송국은 제가 해온 일에 대해 듣고 제가 방송하는 모습을 텔레비전으로 내보냈습니다. 그리고 이후 저는 MIT의 최연소 객원 연구원이 되었죠.

창의적인 능력과 열정을 가진 청소년들은 세상 어디에든 있습니다. 지역을 가려 기대감을 가질 만한 곳과 그렇지 못한 곳을 나누지 말아주세요. 그리고 이제까지 저를 지지해주었던 많은 사람들처럼 여러분도 이런 청소년들의 든든한 지원군이 되어주실 것을 부탁드립니다.

비행기 안에서 안전하게 숨 쉬는 방법

레이먼드 왕

Raymond Wang

종말론적인 질병이 전 세계로 퍼지는 영화와 감기에 걸리지 않으려면 어느 자리에 앉는 게 좋은가에 대한 균 공포증 칼럼니스트의 조언 사이에서 비행기는 대중의 머릿속에 질병 전파의 장으로 확고하게 자리를 잡았다. 그러나 캐나다 출신의 발명가 레이먼드 왕은 사람들이 그렇게 생각하도록 그냥 두고 볼 수만은 없었다. 밴쿠버에 있는 세인트조지스쿨의 11학년 학생이었던 열일곱 살의 레이먼드는 에볼라 발발에 대한 자료들을 읽기 시작했다. 그리고 기존의 기내 공기 순환방식이 비행기 안에서 승객들 사이에 병원균을 퍼뜨린다고 보고 질병 전염 차단율을 높일 수 있는 새로운 디자인적인 해결책을 찾기 위해 고민했다.

그는 비행기 객실 내부의 공기 순환 경로를 시뮬레이션하는 컴퓨터 모델을 사용해서 각기 다른 해결 방안들을 테스트했다. 그리고 마침내 효과가 있는 한 가지 방식을 찾아냈다. 그가 '전반적 인릿 디렉터global inlet director'라고 이름 붙인 이것은 모든 좌석에 소형 환풍기를 장착함으로써 다른 승객의 호흡기를 거쳤거나 재채기, 기침으로 오염된 공기를 기내 전체에 재순환시키는 대신 모든 승객에게 저마다의 호흡 구역을

발명가, 레이먼드 왕

인간으로서 우리는 새로운 무언가를 창조하고 변화를 만들어낼 수 있는 엄청난 능력을 가지고 태어났습니다.

레이먼드 왕(17세)

만들어주는 것이다. 2015년 아이디어의 도시*에서의 연설에서 레이먼드는 이 과정과 그의 발명에 대해 자세히 설명했다.

이 발명으로 그는 명망 높은 인텔 국제과학기술경진대회에서 톱 프로젝트 상인 고든 무어 상Gordon E. Moore award을 수상하며 7,800만 원의 상금을 받았다. 그리고 캐나다의 '20세 미만의 인물 20인 상'을 수상하고 미국 보스턴에 있는 하버드 대학에 진학했다. 레이먼드의 발명은 비행기 기체 안에서 안전한 기체 흐름을 만들어내는 데만 국한된 것이 아니다. '지속 가능성'에 대한 지대한 관심으로 그는 '기상 수확기Weather Harvester'(날씨에서 에너지를 비축하도록 고안된 압전기 지붕)와 '스마트 무릎 보조기Smart Knee Assistant'(동적으로 조절되는 무릎 지지기), '서스테이너블 스마트 소독기Sustainable Smart Sanitizer'(빛으로 작동되는 옥외 쓰레기통 소독 및 악취 처리기)를 아울러 고안해냈다. 그리고 자국인 캐나다의 학생들을 기후 문제의 차세대 리더로 육성하는 일에 주력하는 '서스테이너블 유스 캐나다Sustainable Youth Canada'라는 이름의 비영리재단을 설립하기도 했다.

* 중남미의 TED로 알려진 국제 콘퍼런스.

‘아이디어의 도시’ 연설

아이디어의 도시, 멕시코 푸에블라, 2015년

자, 잠시 여기 계신 모든 분들이 지금 비행기 안에 앉아 있다고 상상해 보시기 바랍니다. 여러분 주위에는 200명이 넘는 사람들이 있고 지구의 절반을 가로질러 가기 위해 승객들이 바글거리는 이 금속 튜브 안에서 이제부터 열 시간을 보내야 합니다. 만일 누가 재채기라도 한다면 과연 어떤 일이 벌어질까요?

별일 없기를 바라지만 사실 그 한 번의 재채기만으로 아주 다양한 질병이 전파될 가능성이 있습니다. 인플루엔자, 사스, 나열하자면 끝이 없죠. 매년 30억이 넘는 사람들이 항공편을 이용하는 시대에 이것은 심각한 문제가 될 수 있습니다. 신종 인플루엔자A에 걸린 사람이 비행기에 탄다면 17명의 다른 승객들을 감염시킬 수가 있고, 사스 환자의 경우 세 시간짜리 비행에서 21명에게 병을 옮길 수 있습니다. 애초에 승객이 병에 걸렸는지 아닌지를 파악하는 것부터 상당히 힘들고 이들의 비행기 탑승을 막기도 어렵죠. 병에 걸렸어도 아직 특별한 증상을 보이지 않는 잠복기라는 게 있으니까요.

전 ‘그래도 비행기 안에는 에어필터가 있으니까’라고 생각했습니다. 이 필터들은 병원균의 99.9%를 걸러낼 정도로 효과적이거든요. 그런데 에어필터가 제 역할을 하는 건 공기가 필터를 통과해서 나갈 때만

입니다. 오늘날 여러분이 보시는 전통적인 비행기 객실 안에서는 거대한 혼합 양상이 벌어지는데, 누군가 내쉰 공기는 기내를 몇 바퀴 돌고 돈 다음에야 에어필터를 통과하고 여과되어 나가게 됩니다.

제 생각에 이건 그냥 넘어갈 수 없는 큰 문제였어요. 그런데 이런 종류의 사안을 어떻게 하면 자세히 알아볼 수 있을까요? 일단 비행기를 빌려서 온갖 테스트를 해볼 여유는 없다는 생각이 제일 먼저 들었습니다. 그런데 더 나은 대안이 나타났죠. 대신 저한테는 컴퓨터가 있었어요! 업계에서 '유체역학 전산 소프트웨어'라고 부르는 건데, 이걸 사용해서 아주 좋은 결과를 얻을 수 있었습니다. 실제 비행기 객실에서 직접 공기 흐름을 측정하는 것보다 이 시뮬레이션 결과의 해상도가 몇 배나 더 높거든요.

저는 프로젝트에 착수하면서 기내 공기 흐름의 패턴에 변화를 주기 위해 기내 상황을 조금씩 다르게 만든 시나리오를 서른두 가지가 넘게 실험했습니다. 마침내 찾아낸 것이 현재 특허 출원 중인 '글로벌 인릿 디렉터'로 병원균의 전파를 55배가량 줄이고 승객들이 신선한 공기를 마실 수 있는 확률을 190% 이상 높여줍니다. 그뿐 아니라 기존의 객실 표면에 그대로 적용할 수 있어서 이 새로운 장치를 가져다가 나사 몇 개만 조이면 설치가 끝납니다. 그리고 바로 다음 날부터 사용할 수 있죠. 객실 전체에 설치할 물량을 생산하는 데 100만 원 정도면 충분하지만 개선된 객실을 들여다봤을 때 그 결과는 믿기지 않을 정도로 놀랍습니다.

본질적으로 모든 것은 아이디어에서 출발합니다. 제 경우는 12월에 발발한 에볼라에 관한 뉴스를 봤던 게 시작이었습니다. 그다음으로 아이디어를 실행에 옮길 수 있느냐가 관건이죠. 현실적인 문제의 해결방안을 만들어내는 데 박사 학위가 필요한 건 아닙니다. 대학 졸업장도 필요 없어요. 인간으로서 우리는 새로운 무언가를 창조하고 변화를 만들어낼 수 있는 엄청난 능력을 가지고 태어났습니다. 우리가 진정으로 뜻을 모으고 여기 이 자리에 계신 분들뿐만 아니라 저 밖에 있는 모든 사람들이 함께 실천을 결심한다면 분명 이 세상을 좀 더 나은 방향으로 이끌어 갈 수 있을 것입니다.

사소한 것에 세상을 바꾸는 힘이 있어요

케네스 시노즈카

Kenneth Shinozuka

케네스 시노즈카의 창의력은 주변 사람들이 실제로 문제에 부딪치는 것을 지켜보면서 싹트기 시작했다. 여섯 살 때 친구의 가족이 욕실에서 넘어지는 사고를 당하자 케네스는 욕실용 동작 감지 시스템을 디자인했다. 누군가 욕실 바닥에 넘어질 경우 자신의 손목시계에 경보 메시지가 뜨도록 한 것이다. 시제품으로 제작하지는 않았지만 이것은 건강과 안전 문제의 해결책을 만들어내는 일에 열정을 쏟게 될 그의 미래를 보여주는 것이었다.

어렸을 때 케네스는 할아버지가 치매로 스스로를 돌보는 능력을 잃어가는 것을 지켜보았다. 병이 진행되면서 특히 걱정됐던 건 할아버지가 한밤중에 일어나 무작정 밖을 헤매고 다니다가 자신이 지금 어디에 있는지, 어떻게 집으로 돌아가는지 모를 수 있다는 것이었고, 이 말은 결국 할아버지를 돌보는 친척들이 밤마다 잠을 설쳐야 한다는 의미였다. 그래서 열네 살의 케네스는 센서를 달고 있는 사람이 한밤중에 침대 밖으로 나가면 간병인이 바로 알 수 있게 경고하는 양말 센서를 창안해냈다.

디자이너 / 발명가, 케네스 시노즈카

이 발명으로 케네스는 많은 언론매체의 관심을 끌었다. 구글 과학경진대회도 그중 하나였다. 또한 사이언티픽 아메리칸Scientific American*이 주최하는 사이언스 인 액션 상을 수상하며 5,200만 원의 상금을 받았고 2017년 테드 콘퍼런스에서 연설하기도 했다. 그는 현재 자신의 발명품을 생산 보급하는 세이프원더SafeWander라는 이름의 회사를 운영하고 있다.

아이디어젠Ideagen(영국 노팅엄에 본사를 둔 소프트웨어 기업) 유럽연합 2030 리더십 정상회담에서 '세상을 바꾼 제품'에 수여하는 상을 받은 케네스는 연설에서 자신의 발명품이 '세상을 바꾼'이라는 자격 조건에 꼭 부합한다고 생각하지는 않는다고 했다. 아울러 흔히 '세상을 바꾼다'고 할 때 그 말이 무슨 의미인지를 되물으며, 이런 웅대한 비전이 차근차근 쌓여 실제로 세상을 바꾸는 힘이 될 수 있는 작은 순간들을 왜곡하고 있는지도 모른다고 말했다.

* 1845년 처음 발행된 미국의 월간 과학 잡지. 일반 대중에게 과학계의 최신 연구 결과를 이해하기 쉽게 소개하는 것을 목적으로 한다.

할아버지의 안전을 위해 만든 나의 단순한 발명품

아이디어젠 유럽연합 2030 리더십 정상회담, 미국 뉴욕, 2015년

'세상을 바꾼다.' 이게 무슨 의미일까요? 세상을 바꾸는 게 뭐가 있을까 생각해보면 세 가지 정도가 먼저 떠오릅니다. 첫째로 빈곤 퇴치, 두 번째로 국제 평화 구축, 그리고 세 번째로 교육의 기회 확대. 거창하고 위대한 아이디어들이 무수히 많죠.

그런데 이런 논의에서 자주 도외시되는 부분이 있습니다. 세상을 바꾼다는 건 어느 시점에 일어난 아주 사소한 일 한 가지, 또는 한 사람으로부터 시작될 수 있다는 겁니다. 제게 이 모든 일의 시작은 할아버지였습니다. 자라면서 전 할아버지와 무척 가깝게 지냈습니다. 네 살 때 둘이 일본 공원을 걸으며 제일 좋아하는 노래를 서로 불러주고 있었는데 어느 순간 할아버지가 갑자기 멍한 표정을 지으시더라고요. 전 할아버지가 길을 잃었다는 걸 눈치챘죠. 네 살밖에 안 돼서 실제로 무슨 일이 벌어지고 있는 건지 이해할 수는 없었지만, 할아버지가 집으로 돌아가는 길을 기억하지 못한다는 건 알 수 있었습니다. 엄마가 저희를 찾아내기까지 한 시간 정도가 걸렸는데 제 인생에 가장 무서웠던 시간이었습니다. 할아버지가 노래를 멈췄던 그 순간이 바로 할아버지의 치매가 처음 징후를 드러내던 순간이었죠.

몇 년에 걸쳐 할아버지의 상태는 점점 더 나빠지기만 했습니다. 한

밤중에 침대에서 일어나 돌아다니는 일이 잦아지다가 결국에는 밤마다 한 번씩 소동이 벌어졌어요. 고모가 할아버지를 지켜보느라 매일 밤을 뜬눈으로 새워야 했습니다. 그리고 어떨 때는 침대에서 빠져나가는 할아버지를 미처 잡지 못하고 놓치는 경우도 있었습니다. 저는 할아버지의 안전뿐만 아니라 고모의 건강도 무척이나 걱정이 됐습니다. 어느 날 밤, 할아버지의 불침번을 서다가 침대에서 일어나 나가는 모습을 봤던 기억이 납니다. 할아버지가 방바닥에 발을 내려놓던 그 순간 퍼뜩 '바로 저거야!' 하는 느낌이 왔어요. 우리 가족의 고민을 해결할 방법이 보였던 겁니다. '할아버지의 발꿈치 밑에 압력 센서를 달아보면 어떨까?' 하는 생각이 들었거든요. 방바닥에 발이 닿으면 압력 센서가 압력의 증가를 감지해서 고모의 스마트폰으로 경보 신호를 보내 고모를 깨우는 거죠.

넘어야 할 산이 정말 많았지만 마지막에 가서 진짜 보람을 느꼈던 건 딱 한 번의 순간이었습니다. 모든 부품을 모아서 시제품을 완성하고 할아버지한테 처음으로 테스트해 보기로 결심했던 그때였지요. 한밤중에 우리 모두는 과연 센서가 제대로 작동할지 확인하려고 애를 쓰고 있었습니다. 할아버지가 침대 밖으로 나가자 희미하게 삑삑거리는 경보음이 들려왔습니다. 센서가 작동되고 있다는 걸 알았죠.

그 순간 전 과학기술이 사람들의 삶을 더 좋게 만들 뿐만 아니라 제 센서가 우리 가족 모두에게 마음의 평화를 가져다줄 수 있다는 걸 알았습니다. 그 한순간만으로 그때까지의 모든 과정이 한꺼번에 보상을 받은 것처럼 뿌듯했어요. 저는 그 아이디어를 계속해서 밀고 나갔고 최근 센서의 배송을 시작했습니다. 우리를 정의하고 '세상을 바꾼다'는 말을 정의하는 이런 중요한 순간들을 잘 생각해보면 사실은 전부 아주 사소한 것입니다. 광대한 시간의 연속선상의 하나의 작은 점, 또는 인류라 불리는 이 무수히 많은 사람들 중 단 한 사람에게서 시작되니까요. 제게 이 모든 것은 한 사람이 길을 잃는 바람에 시작됐습니다. 이런 사소한 순간들이 바로 우리를 정의하는 것이죠.

"

세상을 바꾼다는 것은
어느 시점에 일어난 아주 사소한 일 한 가지,
또는 한 사람으로부터 시작될 수 있다는 겁니다.

케네스 시노즈카(17세)

/

신의 목소리를 따라간 소녀

잔 다르크

/

시리아의 아이들에게 평화를

바나 알라베드

/

금수저와 흙수저에게 똑같은 기회를 주세요

엘리아 윌터스 오스만

CHAPTER 05

신념

작은 믿음이 변화의 심장을 뛰게 해요

프랑스 백년전쟁의 영웅, 잔 다르크

신의 목소리를 따라간 소녀

잔 다르크

Joan of Arc

중세 프랑스 시골에 사는 십대 소녀 잔 다르크는 어느 날부턴가 '목소리'를 듣기 시작했다. 그녀가 천사와 신의 계시라 믿은 그 목소리는 백년전쟁에서 프랑스의 왕 샤를 7세를 위해 싸울 것을 지시했다. 그래서 그녀는 남자 옷을 입고 로렌 공작과 같은 군 지휘자와 심지어 왕에게까지 만남을 청했다. 끈질긴 노력과 강한 신념 덕분에 그녀는 마침내 그들의 신뢰를 얻어냈다. 당시 프랑스 군대는 절망적인 상황이었다. 샤를 7세가 이례적으로 여성, 그것도 젊고 가난한 여성에게 군 지휘권을 맡기기로 결정한 것은 숱하게 거듭된 실패에 지칠 대로 지친 탓이었는지도 모른다. 그리고 이 도박은 그에게 가뭄 끝의 단비 같은 성공을 안겨다 주었다. 열일곱 또는 열여덟 살이었던 잔은 오를레앙 전투에서 마침내 군대를 승리로 이끌었다.

이후 영국군에게 포로로 잡힌 잔은 무자비한 심문에 시달렸다. 그들은 그녀가 그 '목소리'가 아니라 교회 권위자들의 말을 들어야 하는 무지한 소녀에 지나지 않는다고 강조하며 남자 옷을 포기하라고 설득했다. 그러나 잔은 자신을 가두고 있는 이들이 아니라 그 '목소리'를 믿는다는 말을 반복할 뿐이었다. 이 이단 재판의 발췌문에서 잔 다르크는 그 '목소리'를 처음 들었던 날에 대해 이야기하고 있다. 신에 대한 믿음을 굽히지 않고 권력자들과 공권력 그리고 항거에 따르는 치명적인 대가 앞에서도 겁먹을 줄 모르는 한 젊은 여인의 모습이 그려질 것이다.

규탄 재판의 심문 기록

프랑스 루앙, 1431년

제가 숲속에 있다면 제게 들려오는 그 목소리를 쉽게 알아챌 수 있습니다. 저는 그것이 신이 보낸 것임을 믿었습니다. 세 번째로 부르심을 들었을 때 저는 그게 천사의 목소리라는 걸 알았습니다. 그 목소리는 늘 저를 지켜주었고 저는 언제나 그 뜻을 이해할 수 있었습니다. 목소리는 제게 은덕을 베풀고 자주 교회에 가라고 가르쳤습니다. 그리고 프랑스로 가야 한다고 했습니다. 그러면서 이렇게 말했습니다. '가서 오를레앙의 도시를 둘러싸고 있는 포위를 풀어라. 가거라!' 저는 말을 타거나 싸우는 법에 대해서 아는 게 아무것도 없는 그저 가련한 소녀일 뿐이라고 대답했습니다. 삼촌을 찾아가서 "저는 보쿨뢰르로 가야만 해요."라고 했더니 그가 저를 거기까지 데려다주었습니다. 그곳에 도착해서 수비대장 로베르 드 보드리쿠르Robert de Baudricourt를 보자마자 저는 전에 한 번도 본 적이 없는 그를 단박에 알아보았습니다. 로베르에게 "저는 프랑스로 가야만 해요!"라고 했지만 그는 두 번이나 제 말을 들어보지도 않고 저를 내쳤습니다. 세 번째에야 비로소 그는 저를 받아들이고 동행을 붙여주었습니다. 다음으로 로렌 공작이 저를 만나보겠다고 명령을 내려서 그에게로 갔습니다. 저는 그에게 프랑스로 가고 싶다고 했습니다. 그가 그곳까지 길을 안내해줄 사람들과 자신의 아들을 저와 함께 프랑스로 보내게 될 것이며, 그러면 제가 신에게 그의 건강을 위해 기도할 것이라고 했습니다. 보쿨뢰르를 떠날 때 저는 남자 옷으로 갈아입었고

로베르 드 보드리쿠르가 준 칼 한 자루만 몸에 지니고 있었습니다. 다른 무기는 전혀 없었습니다. 그때부터 신의 목소리가 자주 들려왔습니다.

시리아의 아이들에게 평화를

바나 알라베드

Bana Alabed

바나 알라베드는 수많은 시민들을 죽음으로 몰아넣고 가족들이 정든 고향을 떠나 떠돌게 만들었으며 전국을 공포와 불안에 빠트린 시리아 내전의 어린 생존자다. 그녀는 2016년 알레포Aleppo시가 폭격과 포위 공격을 받는 동안 트위터에 자신의 삶을 올려 전 세계로부터 대중적인 관심을 얻었다. 일곱 살짜리 소녀의 눈을 통해 바라본 전쟁의 공포는 더욱 통렬한 것이었다.

학교가 파괴되고 아버지가 포위 공격으로 부상을 입은 후 그녀의 가족은 전쟁에 짓밟힌 도시에서 탈출해 터키로 가는 피난민 행렬에 합류했다. 전직 중고교 영어 선생님이었던 어머니 파테마Fatemah의 도움으로 바나는 30만 명이 넘는 팔로워들에게 평화와 교육 접근권을 부르짖는 트윗을 이어가고 있다. 또한 2018년 IDA 어워드IDA Awards에서처럼 때로 공개 연설에 나서거나 시리아의 위기 상황에 대한 인식을 높이기 위한 텔레비전 인터뷰에서 기자들의 질문에 답하기도 한다.

#StandWith
ALEPPO

교육과 인권 옹호가 / 시리아 난민, 바나 알라베드

국제 다큐멘터리 협회 어워드 연설

미국 캘리포니아주 로스앤젤레스, 2018년

여러분을 만나게 되어 반갑습니다.

시리아 어린이들을 도와주신 것에 대해 감사 인사를 드리고자 합니다. 저는 운이 좋습니다. 이렇게 살아 있으니까요. 그렇지만 시리아 어린이들이 매일 죽어가고 있다는 것을 알기에 마음이 아픕니다. 그들은 음식도 약도 구할 수가 없어서 고통받고 있습니다. 학교도 갈 수 없습니다. 우리는 어린이입니다. 우리는 전쟁이 뭔지 모릅니다. 우리는 평화가 필요하고 안전하게 살 곳이 필요합니다. 어린이는 학교에 가야 하고 배워야 하고 행복해야 합니다.

어느 날 학교에서 공부하고 있었는데 하늘에서 전투기 날아가는 소리가 들려왔습니다. 엄마와 선생님은 위험하니까 집으로 가는 게 낫겠다고 결정을 내리셨습니다. 그렇지만 우리는 가야 한다는 말에 시무룩해졌습니다. 폭격은 너무 위험한 거라서 그때는 그렇게 해야 합니다. 그리고 굉장히 큰 폭탄 터지는 소리가 들렸어요. 우리는 겁을 먹고 집까지 뛰어갔습니다. 집에 도착하자마자 지하실로 내려갔습니다. 아빠는 학교가 폭격을 당했다고 얘기해주셨습니다. 저는 친구들을 다시 볼 수도, 배울 수도 없다는 사실에 무척이나 슬펐습니다. 평화를 위해, 전쟁을 멈추기 위해 다 함께 뜻을 모아주시기를 부탁드립니다. 감사합니다.

금수저와 흙수저에게 똑같은 기회를 주세요

엘리야 월터스 오스만

Elijah Walters-Othman

열일곱 살 때 엘리야 월터스 오스만은 영국 정치에 깊은 환멸을 느꼈다. 정부는 브렉시트 국민 투표를 통해 유럽연합 탈퇴를 결정했고, 그는 청소년들, 특히 소외 계층 출신의 청소년들이 정치 과정에서 소외되는 점에 대해 걱정했다. 한 인터뷰에서 젊은이들이 정치에 참여하지 않는 이유에 대한 질문을 받았을 때 엘리야는 '지배적 위치에 있는 사람들과의 거리감'에 우려를 드러내며 다음과 같이 말했다. "입고 다니는 옷부터 사교육 및 온갖 특권까지 그들은 전혀 다른 세계의 사람들처럼 느껴집니다. 많은 노동자 계층의 청소년들은 전혀 공감할 수가 없어요. 그래서 엄청난 거리감을 느끼는 거예요. 맨체스터에 사는 우리와 실제 지리적으로 상당히 떨어져 있기도 하고요. 사립학교 학생들은 어릴 때부터 너는 나중에 이 사회의 리더가 될 거라는 소리를 듣지만, 공립학교에서 우리에게 그런 기대를 하는 사람은 없어요. 그저 우리 멋대로 하도록 신경도 쓰지 않고 내버려두죠."

2017년 그는 보다 많은 청소년들을 정치적 조직화의 길로 끌어들일 수 있기를 바라며 자선단체 '리클레임Reclaim' 산하에 '팀 퓨처Team Future'라

교육과 직업 훈련에 대한 기회균등의 옹호자, 엘리야 월터스 오스만

는 이름의 청소년 캠페인 단체를 공동 창립했다. 그리고 같은 해 아직 열일곱 살이었던 엘리야는 영국 청소년 의회(해마다 새로운 의원을 선출하기 위해 민주적인 선거를 실시하는 청소년 단체)의 의원으로 선출되기에 이르렀다. 그는 출신과 상관없는 균등한 기회의 중요성에 대한 취임 연설과 함께 맨체스터 청소년을 대표하는 사명을 짊어졌다.

2017년 엘리야가 이 연설을 할 당시 청소년 의회에서는 열한 살에서 열여덟 살까지 청소년을 위한 온라인 '직업 체험 허브' 개설을 논의하고 있었다. 이는 교육의 질을 높이고 청소년들이 차후 고용주 입장에서 좀 더 매력적인 구직자가 될 수 있도록 실제 직업 체험의 기회를 제공하는 정보 센터 역할을 담당하기 위한 것이다. 그리고 그 뒤에 숨은 취지는 부유층과 소외계층 그리고 도시와 시골 출신 청소년들 사이에 존재하는 불균형 근절에 도움을 주려는 것이었다. 엘리야는 자신의 연설에서 이런 평등에 대한 촉구를 넘어 꿈이 가진 힘과 희망을 꺾는 사회적 메시지에 저항하는 일이 얼마나 중요한지를 이야기한다.

꿈과 현실의 차이는 행동입니다

영국 청소년 의회 토론, 영국 하원, 런던, 2017년

꿈과 현실의 차이는 행동입니다. 젊음의 진정한 본질은 꿈에 대한 우리의 열정과 원하는 것을 얻기 위한 분투, 그리고 우리에게 자꾸 "안 돼, 넌 못해."라고 말하는 사회 속에서 시련을 극복하려는 끝없는 노력에 있습니다.

관례적으로 직업 체험 허브는 교육과 직업의 세계를 연결하는 다리 역할을 하기 위한 것입니다. 그러나 이것이 결국에는 잘못 인도된 기회와 실패한 꿈, 청소년들에게 원래 주어진 삶 이상은 감히 넘보지 말라고 가르치는 수단으로 전락하면서 반쪽짜리 관례에 지나지 않는다면 어떨까요? 고용주의 65%가 직업 체험이 직원 채용에 결정적 요소라고 생각하면서도 실제로 이를 제안하는 건 38%뿐인 상황이라면 뭔가 바뀌어야만 하지 않을까요?

2012년에 청소년들은 직업 체험을 하지 못하는 이유가 학교에 그럴 의무가 없기 때문이라는 말을 들었습니다. 이런 식으로 기회의 불평등은 집요하게 되풀이될 뿐입니다. 우리는 더 이상 우리가 어디에 사는지, 부모의 수입이 얼마인지, 그리고 전 세대에서 이미 수없이 실패를 거듭해 온 교육 제도로 우리를 판단하는 그런 사회에서 살지 말아야 합니다. 오늘 우리가 취하는 행동이 그 순환의 고리를 끊어낼 수 있습니다.

제 고향은 맨체스터입니다. 함께 자란 친구들은 나중에 의사나 변호사가 되는 꿈을 꾸기도 했습니다. 그중에는 우주비행사가 될 수 있을 거라고 믿는 친구도 한 명 있었습니다.

예전에 누군가 제게 저희 집 우편번호가 절대 제 잠재력을 좌우하게 두지 말라는 말을 했습니다. 이 말을 가슴에 새기며 저는 오늘 굳은 믿음을 가지고 여러분 앞에 섰습니다. 저는 모스 사이드*에 사는 청소년이 이튼 스쿨**의 청소년과 똑같은 기회를 가질 자격이 있다고 믿습니다. 저는 루이셤***의 고층 건물에 사는 청소년이 웨스트민스터****의 청소년과 똑같은 기회를 가질 자격이 있다고 믿습니다. 그리고 저는 외진 시골에 살며 소외감을 느끼는 청소년이 해로우 스쿨*****의 청소년과 똑같은 기회를 가질 자격이 있다고 믿습니다.

저희가 이 나라의 청소년들을 위한 직업 체험 허브를 마련했던 청소년들로 기억될 수 있게 해주십시오.

* 영국 맨체스터의 모스 사이드 지역은 총기와 마약 범죄가 기승을 부리는 곳으로 악명이 높다.
** 영국에서 가장 유명한 사립학교.
*** 템즈강 남쪽에 있는 런던 자치구.
**** 영국 런던에서 가장 오래된 지역으로 영국 정치의 중심부이자 미술관, 박물관들이 모여 있는 부유층 주택 지대.
***** 1572년 건립된 영국의 유명 사립학교.

“

젊음의 진정한 본질은 꿈에 대한 우리의
열정과 원하는 것을 얻기 위한 분투,
그리고 우리에게 자꾸 “안 돼, 넌 못해.”라고
말하는 사회 속에서 시련을 극복하려는
끝없는 노력에 있습니다.

엘리야 월터스 오스만(17세)

/

우리는 기계가 아니라 인간입니다

마리오 사비오

/

청소년은 미래 민주주의의 주인공이에요

매디슨 킴리

/

평범한 이웃들의 힘을 보여준 최연소 주의회 의원

조시 라파잔

CHAPTER 06

정치

힘없는 다수가 행복한 세상을 만들어가요

우리는 기계가 아니라 인간입니다

마리오 사비오

Mario Savio

1960년 정치 운동의 온상이었던 캘리포니아 버클리 대학교에서 진보적인 좌파 학생들과 대학 관리자들이 충돌하면서 자유언론운동The Free Speech Movement, FSM이 시작되었다. 민권 옹호자이자 운동가인 마리오 사비오가 소속된 단체가 이끄는 학생들은 캠퍼스 안에서 전단지와 팸플릿을 포함한 정치적 발언과 조직 활동을 금지하는 학교 규칙에 반기를 들었다. 그들은 이 규칙이 언론의 자유에 대한 학생들의 권리를 침해하는 것이라고 주장했다.

관리자들이 입장을 굽히지 않자 학생들은 대학 측에 대한 압력의 강도를 높였다. 수천 명의 학생들이 캠퍼스의 본관 관리 건물을 급습하고 중앙 광장에 모여 경찰차가 빠져나가지 못하도록 에워싼 채 연좌 농성을 벌였다. 경찰이 학생들을 대거 검거했지만 시위와 동맹 파업이 몇 주간이나 계속되었고 결국 대학 당국은 뒤로 한 발 물러설 수밖에 없었다. 그 후 많은 학생들이 캠퍼스 내에서 베트남 전쟁 반대와 같은 주요 정치적 사안을 둘러싼 운동을 일으키며 이들의 지지와 공동체 조직화 정신을 이어나갔다.

학생운동가 / 버클리 대학의 자유언론운동 리더, 마리오 사비오

FSM은 학생운동의 역사에 한 획을 긋는 것이었다. 당시만 해도 획기적이었던 FSM은 미래의 학생 정치 조직과 저항으로 가는 길을 열어주었고 이후 대학 캠퍼스는 특히 타국에서 미국의 군사행동 반대와 같은 이슈에 대한 시위와 행동주의, 시민 불복종 운동의 중심이 되었다.

버클리 대학 총장은 결국 캠퍼스 안에서 정치적 활동을 허용하는 데 동의했고, 이는 적지 않은 부분이 마리오와 같은 이들의 통솔력과 조직력 덕분이었다. 본관 관리 건물 바깥에 모인 시위대 동료들을 향한 연설에서 그는 총장이 대학 시스템을 시장 논리에 빗대어 한 발언을 비판하며 '부당한 기계의 기어에 몸을 던질 것'을 외쳤다.

우리는 상품이 될 생각이 전혀 없습니다.
그것이 정부나 기업, 노동조합,
그 누구라고 할지라도 말입니다!
우리는 인간입니다!

마리오 사비오(22세)

스프라울 홀(Sproul Hall)의 계단에서 벌어진 연좌 농성

미국 캘리포니아 대학교 버클리 캠퍼스, 1964년

연좌 농성과 시민 불복종을 벌이는 데는 두 가지 길이 있습니다. 하나는 결코 용납할 수 없는 법이 있어서 그 법이 폐지의 수순을 밟을 때까지 반복적으로 어기는 것입니다. 그렇지만 또 다른 길도 있습니다. 법의 형태 자체가 위반이 불가능한 것이 있고 때로 사람들의 불만이 법 자체를 넘어 완전히 독단적인 힘, 또는 독단적인 힘의 자의적인 행사에 이르는 경우도 있습니다.

그것이 바로 지금 우리가 목도하고 있는 것입니다. 우리 대학을 망치는 독재 정치가 자행되고 있습니다. 우리는 이런 얘기를 들었습니다. 커Kerr 총장이 정말로 대학 이사회와 전화 통화를 하며 좀 더 자유 민주적인 결과를 얻어내기 위해 노력했다면 왜 그는 그런 취지의 공식 발표를 하지 않은 것일까요? 이 '선의의 자유민주주의자'는 우리에게 "한 회사의 경영자가 이사회에 반대하는 성명을 공개적으로 발표하는 것을 상상이나 할 수 있는가?"라고 했습니다. 이것이 그의 대답인 것입니다.

여러분도 곰곰이 생각해보시기 바랍니다. 그의 말대로 여기가 회사이고 대학 이사회가 기업 이사회이고 커 총장이 진짜 경영자라면 교직원들은 고용인이고 우리는 원자재가 되는 것입니다! 그러나 우리는 상품이 될 생각이 전혀 없습니다. 대학의 고객들에게 팔려 가고 싶은 마음이 조금도 없습니다. 그것이 정부나 기업, 노동조합, 그 누구라고 할지라도 말입니다! 우리는 인간입니다!

그래서 저는 시민 불복종의 두 번째 단계에 돌입하지 않을 수 없습니다.* 기계가 돌아가는 게 끔찍해지고 깊은 절망을 안겨줄 때 더 이상 협력할 의지를 잃게 됩니다. 소극적으로라도 그럴 수가 없는 거죠! 그러면 기어와 바퀴, 지렛대 같은 기계 장치 위로 몸을 던질 수밖에 없습니다. 기계가 멈춰 서게 만들어야 하니까요! 그래서 기계를 움직이는 이들에게 그리고 기계를 소유한 이들에게 똑똑히 알려줘야 하는 겁니다. 우리가 자유롭지 못하다면 기계도 더 이상 돌아가지 않을 것이라는 걸 말입니다!

이를 위해 우리가 꼭 뭔가를 망가트려야 하는 건 아닙니다. 한곳에 앉아서 아무도 지나가지 못하게 하고 아무 일도 일어나지 않게 막고 있는 1,000명의 사람들이라면 이 기계뿐 아니라 그 어떤 기계라도 서게 만들 수 있습니다! 기계는 결국 멈추게 될 것입니다!

* 시민 불복종은 체제 내에서 정부 정책을 변화시키려는 목적으로 하는 의도적인 위법 행위이며 시민 저항권은 헌법을 어기고 국민의 기본권을 유린하는 정부나 체제에 저항할 수 있는 권리를 말한다.

청소년은 미래 민주주의의 주인공이에요

매디슨 킴리

Madison Kimrey

민주주의 사회에서 개인의 투표권은 그 사람의 목소리나 매한가지다. 그러나 많은 청소년들에게 이것은 거의 접근이 불가능한 권리처럼 느껴진다. 투표권 행사를 위한 등록이 그리 간단하지 않기 때문이다. 미국에서 투표권자들은 능동적으로 나서서 유권자 등록을 해야 하는데, 이 절차는 투표율 증가에 우선순위를 두지 않는 주일수록 더 까다롭다. 특히 큰 문제인 젊은 층의 극히 낮은 투표율에 대응하기 위해 마련한 것이 청소년들이 만 18세 생일을 맞기 전에 유권자 등록을 할 수 있게 하는 예비 등록이다. 그렇게 해서 만 18세가 되는 순간 자동으로 투표권자가 될 수 있도록 하는 것이다.

매디슨 킴리의 고향인 노스캐롤라이나는 젊은이들에게 예비 등록을 허용하고 있었으나 2013년 주의원들이 간편한 예비 등록 절차를 철회하는 법을 통과시켰다. 이로 인해 청소년들은 유권자 등록을 위해 18세가 될 때까지 기다릴 수밖에 없게 되었다.

매디슨이 연설에서 이 이야기를 꺼냈을 때 비록 그녀 자신은 투표권을 행사할 수 없는 열두 살이긴 했지만 유권자 등록 기회의 축소가 자신과 또래들의 민주주의 참여에 위협이 된다고 주장했다. 주지사에게 '꼭두각시'로 불리면서도 그녀는 이 새로운 법에 반대하는 편에 서서 강력히 목소리를 높이고 다른 청소년들에게도 정치적 사안에 관심을 가질 것을 촉구했다. 매디슨이 연설을 하고 나서 3년 후인 2016년, 법원이 주정부에 예비 등록 재도입을 명령하는 판결을 내림으로써 노스캐롤라이나의 청소년들은 정치적인 승리를 거두었다.

정치 운동가, 매디슨 킴리

투표권을 놓고 노스캐롤라이나의 주지사와 맞붙다

미국 노스캐롤라이나, 2013년

우리 노스캐롤라이나의 청소년들은 심각한 리더십 문제에 봉착해 있습니다. 우리 주의 리더들은 청소년들의 정부 참여를 줄이고 싶어 할 뿐만 아니라 우리의 목소리를 묵살하고 하찮은 것으로 만들고 싶어 합니다. 노스캐롤라이나주 의회를 통과해서 주지사가 서명한 새로운 투표자 신분 확인법은 16세와 17세 청소년들의 유권자 예비 등록의 기회를 박탈하는 것입니다.

저는 주지사를 만나 이 예비 등록 문제에 대해 논의하고 싶었습니다. 그러나 그는 제 요구가 터무니없는 것이라고 하며 저를 '진보 그룹의 꼭두각시'라고 불렀습니다. 이것은 진정한 리더십이 아닙니다. 저는 '꼭두각시'가 아닙니다. 저는 참정권 운동의 새로운 세대로서 제 고향에서 젊은 층의 투표율을 떨어트리는 법이 이대로 버젓이 통과되는 것을 침묵으로 방관하지 않을 것입니다.

저는 4년 후 열여섯 살이 되기 전까지 노스캐롤라이나의 십대들이 다시 유권자 예비 등록을 할 수 있는 권리를 되찾을 수 있도록 무슨 일이든 할 것입니다. 그러나 저 혼자서는 할 수가 없습니다. 다른 청소년 여러분도 의원들을 찾아가고 이 문제에 대해 가족이나 친구들과 이야기를 나눠야 합니다. 그리고 투표권을 가진 어른들은 민선 의원들과 취임을 앞둔 후보자들에게 젊은이들이 민주주의에서 능동적인 역할을 담당하도록 하기 위해 어떤 방안을 가지고 있는지 물어야 합니다. 청소년 여러분, 우리 주는 여러분이 필요합니다. 우리 조국은 여러분이 필요합니다. 중요한 사안을 찾아 행동에 나서십시오. 우리가 바로 노스캐롤라이나의 미래입니다. 우리는 노스캐롤라이나의 미래인 우리를 인정하고 우리의 생각과 목소리를 존중하는 리더를 가질 자격이 있습니다. 우리 주와 조국의 미래는 마땅히 그 누구도 포기해서는 안 됩니다. 그러니 이제 팔을 걷어붙이고 나가 일을 시작합시다.

평범한 이웃들의 힘을 보여준 최연소 주의회 의원

조시 라파잔

Josh Lafazan

조시 라파잔은 투표권을 갖는 나이가 되기 전부터 이미 지역사회에 기여해 온 이력을 가지고 있다. 2011년 열일곱 살이던 그는 지역의 십대들이 음주운전을 하는 것을 방지하기 위해 차편을 제공하는 지역사회 지원 프로그램 '세이프 라이드 시오셋Safe Ride Syosset'의 창립자이자 대표가 되었다. 그리고 열여덟 살에 지역학교위원회 선거에 당선되면서 뉴욕주 최연소 선출직 공무원이 되었다. 집에서 멀리 떨어지지 않은 곳에서 학교위원회 업무를 중단 없이 이어가기 위해 그는 전문대학에 잠시 다니다가 마지막 학년을 앞두고 코넬 대학교로 편입했고 이후 하버드 교육대학원에서 석사 학위를 마쳤다.

조시의 정치에 대한 열정은 주민들의 행복에 영향을 미치는 문제들에 대한 세심한 관심에서 비롯되었다. 그는 롱아일랜드 알코올 중독 및 약물 의존증 협회와 낫소 카운티 헤로인 근절대책위원회 이사회의 일원으로서 특히 약물 남용 문제에 관심을 기울여왔다.

스물세 살에 그는 자신이 나고 자란 낫소 카운티에서 최연소 주의회 의원으로 당선되었다. 그는 취임 연설에서 자신보다 겨우 몇 살 아래인

주의회 의원 / 정치 운동가, 조시 라파잔

십대 인턴들과 자신을 그 자리에 설 수 있게 만들어준 모든 지지자들에게 감사를 표했다. 그리고 주의회 의원으로서 약물 남용 치료에 도움이 될 수 있는 보다 접근이 용이한 자원 제공과 정부의 부정부패 척결을 위한 정책 등, 자신의 우선적인 공약들에 대해 설명했다. 당시 그는 이미 약물 남용 중재를 위한 24시간 핫라인 개설 법안을 통과시켰으며 전쟁 참전 용사들이 노숙자가 되지 않도록 돕는 위원회를 설립했다. 그는 한 사람의 청년으로 공직에 출마하는 동시에 롱아일랜드 대학에서 학생들을 가르치며 자신의 경험들을 통해 다른 청소년들에게 힘을 실어주고자 노력하고 있다.

선거 수락 연설

낫소 카운티, 미국 뉴욕, 2018년

이것은 후보자인 저 혼자 독차지할 수 있는 승리가 결코 아닙니다. 이것은 오로지 오늘밤 이곳에 있는 모든 분들로 인해 가능했던 승리였습니다.

지난 캠페인을 뒤돌아보며 선거에서 팀으로서의 노력이 무엇인지를 새삼 깨닫게 해주었던 일 하나를 되짚어보고자 합니다. 공적으로는 '독립 서명 위크Independence Signature Week'라고 하지만 캠페인 사무실에서 우리끼리 '헬 위크Hell Week'*라고 불렀던 시간이 떠오릅니다. 우리는 서명 절차라는 것을 한 번도 해본 적이 없어서 서명을 받는 데 얼마나 오랜 시간이 걸리는지도, 각각의 서명마다 공증인 배석이 필요하다는 것도 알리가 없었죠. 서명 마감일이 5일 앞으로 다가왔을 때 저는 주요 조직위원들에게 그때까지 받은 서명이 얼마나 되는지 물었습니다. 17개라고 하더군요. 그래서 저는 우리가 필요한 서명이 몇 개냐고 물어봤죠. 111개라고 하더라고요. 이게 끝이 아니었습니다. 법적으로 확실하게 안전하려면 실제로 서명이 얼마나 있어야 하느냐고 물었더니 최종적인 답은 140개였습니다.

* 대학 친목회나 클럽에서 신입생들을 괴롭히는 일주일.

자, 이제 선택은 두 가지입니다. 서명을 채우는 데 실패해서 패배를 인정하고 정당의 노선을 잃거나 할당량을 채워야 하는 데드라인까지 어떻게든 싸워보는 거죠. 저는 공황 상태에 빠져서 여러분께 궁지에 몰린 우리의 상황을 설명하는 이메일을 보냈습니다. 그리고 32도가 넘는 무더위 속에서 여름 주말을 포기하고 처음 보는 이들에게 만나본 적도 없는 사람인 저를 위해 서명을 해줄 것을 사정해 달라고 부탁을 드렸죠. 여러분은 저의 부름에 응해주셨습니다. 변호사들과 준 법률 전문가들, 사무 관리자들, 은행원들이 계속해서 나타났어요. 그리고 푹푹 찌는 삼복더위에 한 분씩 나흘에 걸쳐 96시간을 저와 함께 뛰어주셨습니다. 우리가 받은 서명은 140개가 아니었어요. 제출된 서명은 총 212개였고 2017년 낫소 카운티 주의회 의원 출마자 중 최고 기록이었습니다.

그 주는 이 캠페인이 진정으로 무엇을 위한 것인지를 보여주는 축소판 같은 것이었습니다. 저로서는 생전 처음 정당 선거 사무실을 얻기 위해 경쟁에 나선 것이었죠. 유명한 정치 전문가나 비싼 컨설턴트를 고용할 여력은 없었습니다. 불가능한 일이었죠. 그래서 우리는 이제껏 만난 이들 중에 가장 뛰어난 십대들과 엄마 아빠들, 학부모회 회원들과 어린이 야구 리그 코치들, 의용소방대원들과 은퇴한 고령자들을 모아 팀을 꾸렸습니다. 이 점이 바로 이번 선거가 특별한 이유입니다. 사회 각계각층, 온갖 전문 직종들, 모든 정치단체들로부터 사람들을 모아 착하고 정직한 정부라는 공동의 목표를 향해 함께 일하도록 한 거죠. 이것이야말로 진정 아름다운 일이자 제가 앞으로 2년의 재직 기간 동안 이 사회에서 만들어나가고자 하는 우리들의 모습입니다.

여러분 앞에 약속드립니다. 저는 결코 정치적인 사리사욕을 위해 옳은 일을 저버리지 않겠습니다. 저는 일부 영향력 있는 인사들만이 아니라 모든 주민들이 언제든 다가갈 수 있는 친근한 정치인이 되겠습니다. 저는 자신감이 자만이 되지 않도록 건설적인 비판과 외부의 제언에 늘 열린 마음을 유지하겠습니다. 저는 청소년들이 단순히 목소리만 갖는 게 아니라 실질적인 의사결정권을 가질 수 있도록 탄탄한 인턴십 프로그램들을 계속해서 준비해 나가겠습니다. 저는 좌절감이 결코 냉소주의로 변질되지 않게 할 것이며 무한히 낙관적인 마인드를 계속해서 지켜 나가겠습니다. 제 첫 번째 우선순위는 언제나 주민 여러분이 될 것을 맹세합니다.

**사회 각계각층, 온갖 전문 직종들,
모든 정치 단체들로부터 사람들을 모아
착하고 정직한 정부라는 공동의 목표를
향해 함께 일하도록 한 거죠.**

조시 라파잔(23세)

/

탈레반의 총알도 막지 못한 최연소 노벨상 수상자

말랄라 유사프자이

/

학생들의 목소리가 좋은 학교를 만들어요

타라 수브라마니암

/

난민 캠프 아이들에게 교육은 유일한 희망입니다

무준 라칸 알멜레한

CHAPTER 07

교육

배움은 모두의 평등한 권리입니다

탈레반의 총알도 막지 못한 최연소 노벨상 수상자

말랄라 유사프자이

Malala Yousafzai

파키스탄의 평화 인권 활동가인 말랄라 유사프자이는 여성의 균등한 교육 기회에 대해 특별한 열정을 가졌다. 오랫동안 활동가로 활약하며 2009년부터 영국 BBC 방송의 블로그에 글을 올려왔으나 전 세계가 처음으로 그녀의 이름을 기억하게 된 것은 2012년 10월이었다. 스쿨버스에 타고 있던 그녀를 향해 탈레반 무장 괴한이 방아쇠를 당긴 것이다. 탈레반 세력과 파키스탄 정부군 사이의 물리적 충돌이 벌어지고 있는 파키스탄 스와트 밸리에서의 불안정한 삶과 교육 탄압에 대해 공개적으로 기고문을 올린 것에 대한 보복이었다. 이 무자비한 폭력에 세계적인 비난이 쏟아졌고 말랄라는 집중 치료를 위해 영국에 있는 병원으로 이송되었다.

기적적으로 총상에서 회복한 뒤 그녀는 소녀들을 위한 학교를 세우고 보조금으로 교육 프로그램을 운영하는 비영리재단인 말랄라 펀드Malala Fund를 설립했다. 또한 『나는 말랄라입니다I am Malala』라는 제목의 책을 내고, 열일곱 살의 나이에 카일라시 사티아르티Kailash Satyarthi(아동 권리 활동가)와 함께 노벨 평화상을 공동 수상하며 역대 최연소 노벨상 수상

노벨상 수상자 / 교육 옹호자, 말랄라 유사프자이

자가 되었다. 그 후 그녀는 전 세계를 돌며 메시지를 전했다. 수차례의 유엔 연설 중 2015년에 한 연설은 아이들에게 평화롭게 교육받을 수 있는 안전한 세상에서 살게 해주겠다는 약속에 초점을 맞추고 있다.

2017년 말랄라는 정치학과 철학, 경제학을 공부하기 위해 옥스퍼드 대학에 입학했다. 지금 그녀는 교육과 난민, 여성의 옹호자로 국제적인 명성을 얻고 있으며 세계의 지도자들과 인도주의자들 그리고 150만에 이르는 트위터 팔로워들에게 영향을 미치고 있다.

이목이 집중되는 자신의 위치를 십분 활용해 그녀는 물리적 충돌로 인해 삶의 터전을 잃은 수백만 난민들과 말랄라 펀드가 교육 프로그램을 지원하는 난민 캠프에 개인적으로 찾아가 만났던 사람들처럼 소외된 이들에게 세계의 관심을 돌리기 위해 노력해왔다. 그리고 그녀는 『우리는 난민입니다We Are Displaced』라는 제목으로 곤경에 처한 난민들의 이야기를 공동 집필하기도 했다. 이 책에 실린 영국『가디언』과의 인터뷰에서 그녀는 다음과 같이 말했다. "때로 우리는 난민들을 단순한 피해자로만 봅니다. 그래서 틀림없이 슬픈 이야기를 가지고 있을 거라고 생각하죠. 그들이 슬픈 건 사실입니다. 그러나 또한 우리에게 그들이 얼마나 큰 용기를 가진 사람들인지도 함께 보여주죠."

뉴욕 유엔 총회 연설

유엔 총회, 미국 뉴욕, 2015년

비스밀라흐 히르 라흐만 이르 라힘.

(Bismillah hir Rahman ir Rahim, 가장 따뜻하고 자비로운 신의 이름으로.)

시작하기에 앞서 이 자리에 선 청소년들이 여러분께 드리는 말에 조용히 주목해주실 것을 부탁드립니다. 친애하는 형제자매 그리고 세계 지도자 여러분, 여기를 잘 지켜보십시오. 미래 세대가 이 자리에서 자신들의 목소리를 내고 있습니다.

오늘 우리 193명의 청소년들은 수천만 명 이상의 사람들을 대표하고 있습니다. 여러분이 유엔 지속 가능 개발 목표The Global Goals* 의 이행에 서약하셨기에 우리들 각자가 들고 있는 이 등불은 우리가 만들어갈 미래 희망의 상징인 것입니다.

지금까지 살면서 저는 테러와 추방, 교육 거부를 두루 경험했습니다. 이 비극들은 지금 이 순간에도 수백만의 아이들을 처참한 고통 속으로 몰아넣고 있습니다.

* 빈곤 퇴치, 교육 보장과 평생 학습 향상, 성평등 달성과 여성 역량 강화 등 인류의 지속 가능한 발전을 실현하기 위해 2016년부터 2030년까지 국제사회가 달성해야 할 목표로 유엔 193개 회원국이 합의했다.

숨진 채 해변에 누워 있는 세 살배기 알란 쿠르디Aylan Curdi, 보코 하람에게 딸들을 납치당한 부모의 눈물에 잠긴 눈동자, 집도 희망도 다 잃은 시리아 국경의 그 충격적이고 가슴 찢어지는 아이들의 모습이 우리로 하여금 이런 질문을 하지 않을 수 없게 합니다. "얼마나 더 많은 사람들이 이 사회에서 죽음을 당하고 거부를 당하고 방치되고 집을 잃는 것을 봐야 합니까? 얼마나 더 많은 사람들이요?"

세계는 변화가 필요합니다. 세계가 스스로 변할 수는 없습니다. 바로 제가 그리고 여러분이, 우리 모두가 그 변화를 만들어내야 합니다.

교육은 특권이 아닙니다. 교육은 권리입니다. 교육은 평화입니다.

친애하는 세계 지도자 여러분 그리고 사랑하는 형제자매 여러분, 우리에게 약속해주세요. 모든 어린이들, 파키스탄과 인도, 시리아를 비롯해서 전 세계의 모든 어린이들에게 약속을 해주세요. 그들에게 평화와 번영을 약속해주세요.

제 용감한 자매 살람과 모든 난민 어린이들에게 전쟁이 배움의 기회를 빼앗아 가지 못할 거라고 약속해주세요.

보코 하람에게 납치당한 자매들이 다시 돌아오게 될 거라고, 그래서 모든 소녀들이 다시 안전하게 공부할 수 있게 될 거라고 제 자매 아미나에게 약속해주세요.

여러분이 오늘 하신 서약들을 지킬 것이며 우리의 미래를 위해 투자를 하겠다고 맹세해주세요.

모든 아이들에게 안전하고 자유롭고 질 좋은 초등 및 중등 교육을 받을 수 있는 권리를 줄 것이라고 약속해주세요.

이것들이야말로 이 세계가 진정으로 필요로 하는 투자이며 세계 지도자로서 반드시 해야 할 일입니다.

저는 우리 모두가 그리고 유엔이 교육과 평화의 목표 아래 하나가 될 것을 믿습니다. 그리고 이 세계를 그저 더 나은 곳이 아니라 가장 살기 좋은 곳으로 만들어갈 것을 믿습니다.

교육은 희망이자 평화입니다.

세계는 변화가 필요합니다.
세계가 스스로 변할 수는 없습니다.
바로 제가 그리고 여러분이, 우리 모두가
그 변화를 만들어내야 합니다.

말랄라 유사프자이(18세)

학생들의 목소리가 좋은 학교를 만들어요

타라 수브라마니암

Tara Subramaniam

타라 수브라마니암은 학생들이 주축이 되어 교내에서 학생들의 의사결정 권한을 지지하는 비영리재단인 스튜던트 보이스Student Voice의 공동 창립자다. 아직 고등학생일 때 그녀는 '#StuVoice'라는 해시태그를 사용한 주간 트위터 채팅* 준비 작업에 합류했다. 스튜던트 보이스의 토론은 트위터에서 가장 인기 있는 교육 채팅 중 하나로 조회 수가 500만을 넘었고 당시 미국 교육부 장관인 안 던컨Arne Duncan이 직접 참여하기도 했다.

타라와 공동 창립자들은 트위터 채팅의 여세를 몰아 공청회를 열 수 있는 조직을 만들어 학생들의 요구를 공론화하고, 학생들을 고문단에 포함시켜 교육 회의에서 발언권을 가질 수 있도록 했다. 이 단체는 또한 교내 캠페인 활동과 지지를 위한 안내 자료로서 학생 기본권을 제시한 '학생 권리 장전'의 초안을 마련하고자 전국의 학교를 방문해 학생들의 경험을 직접 듣는 전미 투어에 나섰다. 이 중에는 상상하기 힘들 만

* 트위터에서 주요 해시태그를 이용한 예정된 대담.

교육개혁 옹호자, 타라 수브라마니암

큼 열악한 환경의 학교들도 있었다.

고등학교를 졸업하고 조지타운 대학교에 진학한 그녀는 더욱 야심 찬 목표를 가지고 스튜던트 보이스를 이끌었다. 이들은 국내 미디어의 주목을 받았고 미국 전역의 학교들에 지부를 꾸렸으며 지방법 제정의 변화를 추진하는 데 학생 참여를 독려하기 위한 재원을 조성했다. 또한 이 단체는 사립학교와 공립학교 간의 예술 과목 접근 기회의 불평등에서부터 고등학교 스포츠에서의 성차별에 이르기까지 폭넓은 주제의 보도를 장려하는 스튜던트 보이스 저널리즘 펠로십Student Voice Journalism Fellowship을 통해 미국 학교들이 처한 상황에 대한 학생들의 탐사 보도를 촉진시켰다.

스튜던트 보이스의 공동 창립자로서 그리고 이후 사무총장으로서 타라는 동료 학생들뿐 아니라 유력 정부 부처의 거물급 인사들에게도 영리를 벗어난 일에 관심을 가질 것을 전도하는 역할을 담당했다. 그녀는 2016년 백악관에서 열린 미래 교육 정상회담에서 스튜던트 보이스의 활동에 대해 이야기했다.

백악관에서 열린 차세대 정상회담 연설

백악관 차세대 정상회담, 미국 워싱턴 D.C., 2016년

고등학교 2학년이 시작되기 전 여름 동안 저는 세 명의 대학생들과 함께 학생들의 교육 주도권을 독려하고 고취시키는 비영리재단인 스튜던트 보이스를 공동 창립했습니다. 우리는 전 세계 교육 현장에서 학생들의 목소리를 융합시키는 유일한 학생 주도 단체로 공정한 학교를 만들기 위한 학생 운동을 강화해나가고 있습니다.

2년 전 우리는 12개의 권리로 구성된 '학생 권리 장전' 프로젝트에 착수했습니다. 미국 전역의 학생들을 상담하고 나서 우리는 양질의 교육의 요점과 미국 학생들에게 긍정적인 학교생활 경험이란 무엇인지를 확인할 수 있었습니다. 이 권리 장전은 학교가 잘하고 있는 점과 개선이 필요한 점을 학생들이 정확하게 짚어낼 수 있게 판단의 틀로 사용하기 위한 것입니다.

'학생 권리 장전'을 진행하기 위해 우리는 전국 투어의 일환으로 학교들을 방문했습니다. 이 투어를 통해 저는 미국의 교육제도 내에 존재하는 충격적인 격차에 눈뜨게 되었고, 이는 우리의 일을 이어가는 이들에게도 분명히 보여졌으리라 기대합니다.

국내 현장 디렉터인 앤드류 브레넌Andrew Brennan은 36개 공립학교에

13만 2,000명의 학생들이 다니고 있는 사우스캐롤라이나의 일명 '수치심의 회랑corridor of shame'*이라고 불리는 학군에서 한동안 시간을 보냈습니다. 이곳의 어떤 학교들은 학교 기금이 너무 없어서 학생들이 수업에 들어가지 않습니다. 공부를 하기 싫어서가 아니라 교사들이 학생들을 가르치러 나올 이유가 없을 정도로 월급이 형편없기 때문입니다. 그로부터 일주일 후 우리 팀은 날씨 좋은 샌디에이고에 있는 하이테크 고등학교를 방문했습니다. 이 학교에서는 학생들이 2학년 때부터 인턴을 나가도록 되어 있습니다. 두 학교 모두 학생들이 전통적인 의미로 교실에 앉아 수업을 듣지 않는 건 마찬가지지만 각각의 이유는 엄청나게 다릅니다.

'수치심의 회랑'과 같은 지역들이 하이테크 고등학교에 좀 더 가까운 모습을 갖추기 위해 필요한 도움과 재정적 뒷받침, 동기부여를 받을 수 있을 때까지, 그리고 모든 학생들이 적어도 제가 고등학교에 다닐 때만큼의 지원을 받을 수 있을 때까지, 우리는 바람직한 학교 풍토와 현대적인 교육제도의 구축을 위해 계속해서 싸워 나가야만 합니다.

* 사우스캐롤라이나주의 빈곤한 시골 학군 36개를 가리키는 별칭으로, 하나로 길게 이어져 있으며 불평등한 교육 기회, 저예산 등으로 학생들의 학업 성취도가 매우 낮다.

“

우리는 바람직한 학교 풍토와 현대적인 교육제도의 구축을 위해 계속해서 싸워 나가야만 합니다.

타라 수브라마니암(19세)

난민 캠프 아이들에게 교육은 유일한 희망입니다

무준 라칸 알멜레한

Muzoon Rakan Almellehan

시리아 내전은 2018년 3월 기준(시리아 인권관측소 자료) 추정 사망자만 51만 1,000명에 이르는 막대한 인명 피해를 일으켰으며 650만 명의 사람들이 집을 잃고 난민 신세가 되었고 또 다른 560만 명이 세계 곳곳에 흩어져 떠돌고 있다(유엔난민고등판무관 사무소 자료). 그러나 전 세계 텔레비전 뉴스에 죽음과 파괴로 얼룩진 헤드라인으로 등장하기 전 시리아는 많은 남자와 여자들 그리고 아이들이 일하러 가고 학교에 가고 자신과 가족의 미래에 대해 기대를 품으며 평범한 삶을 살아가는 곳이었다.

교육 지지자인 무준 라칸 알멜레한에게 시리아 내전은 집이 주는 모든 안락함을 뒤로한 채 난민 캠프의 불확실한 미래를 향해 가면서 시작되었다. 당시 9학년이었던 그녀는 그때를 떠올리며 이렇게 말했다. "제가 챙긴 유일한 소지품은 학교 교과서들이었어요."

무준과 그녀의 가족은 요르단에 있는 자아타리Za'atari 난민 캠프에서 보낸 18개월을 포함해서 총 3년간 난민 캠프 생활을 했다. 그곳에 있는 동안 그녀는 어린이들의 교육 접근권 보장 캠페인을 위해 유니세프와

어린이 교육 지지자 / 유니세프 친선대사, 무준 라칸 알멜레한

함께 일을 시작했다. 같은 교육 옹호가인 말랄라 유사프자이가 보다 많은 어린이들, 특히 소녀들의 교육받을 권리를 위한 그녀의 활동에 대해 듣고 자아타리 난민 캠프를 방문했을 때 특별히 무준을 찾아가 만나기도 했다.

무준은 글래머 어워즈* 연설에서 시리아에서 폭력이 불러온 가장 슬픈 결과는 교육이 중단되고 전쟁으로 인해 재개의 가능성조차 없어진 상황을 목격한 청소년들이 희망과 잠재력을 잃어가는 것이라고 말했다. 미래에 대한 절망은 많은 청소년들과 그 가족에게 교육을 불가능한 꿈으로 만들었고 어린 나이에 결혼하는 이유가 되기도 했다. 무슨 일이든 해야겠다고 마음을 먹은 무준은 난민 캠프를 돌며 시리아 소녀들을 위한 평등한 교육 접근권을 호소하는 연설을 하기 시작했고 이후 전 세계로 그 무대를 넓혀갔다.

무준과 그녀의 가족은 2015년 말 영국의 뉴캐슬로 이주하고 그녀와 형제자매들은 지역 학교에 등록했다.

* 잡지 『글래머』에서 개최하는 시상식

글래머 어워즈 연설

『글래머』 올해의 여성, 미국 브루클린, 2017년

『글래머』 올해의 여성에 뽑히신 분들과 오늘 이렇게 나란히 자리를 함께하게 되어 너무나 영광이고 몸 둘 바를 모르겠습니다. 여러분 모두가 평화와 억압 없는 자유를 누리며 살 수 있는 세상을 만들기 위해 싸우는 훌륭한 리더들이자 활동가들이십니다.

정의와 평등을 위한 싸움을 시작하게 된 계기에는 다 저마다의 사연과 이유가 있겠죠. 오늘 저는 이 자리에서 제 이야기를 여러분과 나누어보고자 합니다.

2011년 2월 시리아 내전이 시작되고 나서 몇 년 동안 저는 사랑하는 조국이 파괴되고, 가족과 친구들이 죽고, 너무나 많은 아이들이 집을 떠나 난민으로 떠돌고, 전쟁이 어떻게 수백만의 시리아 아이들을 학교 밖으로 쫓아내는지를 보았습니다.

짧은 시간 동안 저도 그런 아이들 중 하나였죠.

전쟁은 짐작할 수도 없을 만큼 많은 희망과 잠재력을 앗아갔습니다. 2013년 2월 폭력의 양상이 도를 넘어섰고, 저는 떠나고 싶지 않았지만 살기 위해 어쩔 도리가 없었습니다. 어느 날 학교와 친구들, 숙모와 삼촌, 이웃들 그리고 익숙한 모든 것들을 두고 뒤돌아서야 했습니다. 제가 챙긴 유일한 물건은 학교 교과서들 그리고 친구들이 저를 위해 만들어주었던 추억의 앨범이 전부였습니다. 상상이 되시겠지만 만일 그 순간 누가 제게 이렇게 여러분 앞에 있는 무대 위에 서서 제 이야기를 하는 날이 올 거라고 말했다면 저를 놀리는 거라고 생각했을 겁니다. 그때 전 3년간 제가 '집'이라고 부르게 될 난민 캠프에서 제 이야기는 끝나게 될 거라고 생각하고 있었으니까요.

저는 늘 교육이 모든 것의 열쇠라는 걸 알고 있었어요. 그래서 캠프에 도착해 학교를 발견하자 희망이 되살아나는 것을 느꼈습니다. 캠프에서 살기 시작한 그 첫날이 제일 행복한 날일 거라고 생각했지만 아니었습니다. 수많은 소녀들이 강제로 결혼을 하고 학교를 다닐 기회를 놓치는 것을 보면서 제 안의 활동가가 눈을 떴습니다. 저는 텐트마다 돌아다니며 청소년들과 그 부모에게 미래에 대해 희망을 가지라고 설득하고 교육의 중요성에 대해 이야기했습니다.

그 후로 저는 더 큰 연단에 설 기회를 가지게 됐습니다. 저는 유니세프 친선대사지만 그와 동시에 아이들이 평화롭게 배울 수 있는 세상을 만드는 하나의 사명을 위해 여러 기회의 문을 두드리고 다니는 청소년에 지나지 않기도 합니다. 시리아는 늘 제 가슴속에 있지만 제가 그곳에서 보낸 시간이 묻어 있는 유일한 물건은 친구들이 준 추억의 앨범뿐입니다. 가끔씩 마음의 무장이 단단히 됐을 때만 그 앨범을 들여다봅니다. 어린 시절 수많은 희망과 꿈을 함께 나누었던 그 친구들이 지금 어디에 있는지 전혀 모른다는 사실이 너무 슬프기 때문입니다. 저는 그 친구들이 살아 있는지조차 알지 못합니다. 그리고 살아 있다면 다시 학교로 돌아갔는지도 알지 못하죠.

제 목소리는 그들을 위한 것입니다. 저는 그들을 위해 그리고 분쟁에 휘말려 학교에 갈 기회를 빼앗겨버린 모든 아이들을 위해 목소리를 높입니다. 제가 그들을 위해 이렇게 목소리를 높이는 까닭은 어둠 속에 빛을 가져다주는 것이 배움이라는 것을 잘 알기 때문입니다.

제 목소리는 그들을 위한 것입니다.
저는 그들을 위해 그리고 분쟁에 휘말려
학교에 갈 기회를 빼앗겨버린
모든 아이들을 위해 목소리를 높입니다.

무준 라칸 알멜레한(17세)

/

미래보다 오늘 최선을 다해 살아야 해요

이시타 카트얄

/

소녀들은 결혼식장이 아니라 학교에 가야 해요

하디카 바시르

/

아동 결혼은 소녀들의 영혼과 삶을 망가트려요

메모리 반다

/

침묵을 깨는 목소리의 최연소 유니세프 친선대사

밀리 바비 브라운

CHAPTER 08

청소년의 권리

배우고 자라고
꿈꿀 수 있게 해주세요

미래보다 오늘 최선을 다해 살아야 해요

이시타 카트얄

Ishita Katyal

인도 푸네에서 온 이시타 카트얄은 어떤 식으로든 나이가 꿈을 이루는 것을 방해하는 제약 요소가 되어서는 안 된다고 믿는다. 그래서 성인 청중을 향해 청소년들에게 '나중에 커서 무엇이 되고 싶니?'라고 묻는 대신 지금 그들이 할 수 있는 일을 묻거나 그들의 포부를 지지해줄 것을 당부한다.

그녀는 겨우 여덟 살 때 『심란의 일기Simran's Diary』라는 제목의 동화책을 썼다. 주인공인 여덟 살 소녀의 행복과 슬픔 그리고 재미있는 순간들을 기록한 것이었다. 열 살이 됐을 때는 인도 벨와라에서 열린 테드엑스 행사에서 '왜 어른이 될 때까지 기다리지 않아도 되는가'라는 주제로 연설을 했다. 그녀는 학교 테드엑스 행사의 담당자로 아시아에서 열리는 테드엑스 청소년 행사의 최연소 주최자다. 또한 뉴욕에서 열린 청소년 테드와 테드엑스 행사들, 인도 아마다바드에서 열린 교육자들을 위한 마인드 밍글 페스티벌Mind Mingle Festival과 같은 교육 콘퍼런스에서 연설을 한 유명한 공개 연설가이기도 하다.

이시타는 학생들의 완전한 잠재력 달성을 돕기 위해 미래를 강조하

청소년 옹호자, 이시타 카트얄

기보다 현재에 충실할 것을 요구하며 교육자들이 학생들의 현재의 행동을 통해 미래의 가능성을 보게 될 것이라고 주장한다.

더 나은 미래를 만들기 위해 현재에 충실하기

마인드 밍글 페스티벌, 인도 아마다바드, 2016년

우리는 행복한 삶과 성공적인 커리어를 위해 많은 일을 하면서 정작 현재를 잊고 삽니다. 지금 바로 이 순간에 대한 생각은 하지 않는 거죠. 전에 봤던 달라이 라마의 인터뷰가 생각납니다. 인터뷰어가 달라이 라마에게 "우주에서 가장 이상하고 특이하고 별난 게 무엇이라고 생각하시나요?"라고 묻자 그는 이렇게 대답했죠. "그건 사람입니다." 인터뷰어가 경외에 가득 찬 목소리로 다시 물었어요. "어째서요?" 달라이 라마는 그 이유를 다음과 같이 설명했습니다. 사람들은 돈을 벌기 위해 건강을 희생하고 나서 이번에는 건강을 회복하려고 돈을 희생합니다. 그리고 미래에 대해 불안해하고 초조해하면서 현재를 즐길 생각을 하지 않죠. 결과적으로 현재를 사는 것도 미래를 사는 것도 아닌 것이 됩니다. 사람들은 마치 절대 죽지 않을 것처럼 살면서 한 번도 진짜 사는 것답게 살아보지 못하고 죽는 거예요.

저는 아직 어린이에 지나지 않고 모든 문제에 해결책을 갖고 있지도 않습니다. 그렇지만 이 자리에 계신 여러분 모두가 저와 별반 다르지 않다는 것을 아셨으면 합니다. 기분을 상하게 해드리려는 게 아니라 깨달음을 드리고 싶어서입니다. 우리가 지금 현재 하고 있는 일들을 통해 만들어가는 미래가 제 눈에는 그리 썩 좋아 보이지 않는다는 것을요. 다음번에 저 같은 어린이와 이야기를 나눌 기회가 되신다면 나중에 커서 무엇이 되고 싶으냐고 물어보는 대신 지금 그들이 원하는 것이 무엇인지 물어봐 주세요. 학생이나 어린이들의 삶에 교육자의 역할이 상당히 크다고 생각합니다. 교육의 목적은 직장 생활의 성공이 아니라 지성인을 만들어내는 것입니다. 만일 교육자들이 모든 이에게 '지금 네가 원하는 것이 무엇인가?'라고 묻는다면 세상이 바뀔 수도 있을 것입니다. 커서 무엇이 되고 싶으냐는 질문에는 문제가 내재되어 있습니다. 청소년들이 오늘 할 수 있는 일을 폄하하는 것이죠. 어린이들에게 오늘 하고 싶은 일을 하려면 미래에 적당한 때가 오기를 기다려야 한다는 생각을 심어주는 거예요. 왜 그래야 하는 거죠? 우리는 언제든 우리 자신에게 충실해야 합니다.

소녀들은 결혼식장이 아니라 학교에 가야 해요

하디카 바시르

Hadiqa Bashir

파키스탄의 활동가인 하디카 바시르는 지역사회에서 그리고 세계 곳곳에서 조혼의 부정적인 영향에 대한 의식을 고취시키고자 노력해왔다. 열한 살 때 그녀는 자신을 결혼시키려는 할머니의 압박에 시달리다 동정심 많은 삼촌인 민권 운동가 에르판 후세인 바박Erfaan Hussein Babak 덕분에 가까스로 위기를 모면할 수 있었다. 할머니는 불같이 화를 냈고 이 갈등으로 이후 몇 달간 사이가 소원해지긴 했지만 그녀의 다음 행보를 막지는 못했다. 그 어떤 소녀도 자신과 같은 상황을 겪지 않도록 하기 위한 캠페인에 돌입한 것이다.

하디카는 동네를 집집마다 돌며 딸들을 시집보내기 전에 잠시 생각할 시간을 가지라고 그 가족을 설득하기로 결심했다. 열네 살 때 삼촌의 도움으로 설립한 '소녀인권연대Girls United for Human Rights'라는 이름의 단체는 교육을 통해 수백 명의 소녀들이 조혼으로 미래를 빼앗기지 않도록 도와준다. 조혼을 용인하는, 심지어 바람직한 일처럼 보이게 만드는 가부장적 규범이 사회 깊숙이 뿌리 내리고 있기에 이와 맞서 싸우는 일은 쉽지 않다. 일부 지역사회에서는 코란에 따라 무슬림 신앙이 조혼을 용납하고 있다고 주장하고 있지만, 이에 대해 하디카는 여성의 의사에 반한 결혼의 강요를 금지하는 구절을 지적하며 반박한다. 가부장제와 다른 이들의 종교적 해석에 도전하는 것은 위험천만한 일인 데다 늘 논쟁을 몰고 다닐 수밖에 없다. 이웃들의 생각을 돌리는 것은 길고 고통스러운 싸움이었지만 하디카는 전 세계의 지지자들에게 찬사와 응원을 받아왔다. 그리고 2015년 무하마드 알리 인도주의상의 최연소 수상자로 선정되었다.

하디카는 2016년에 한 연설에서 다음과 같이 말했다. "저에게 가장 큰 상은 진정한 변화가 일어나서 제 또래의 모든 소녀들이 결혼을 강요받는 대신 학교에 가는 것일 것입니다. 여러분이 다른 이들에게 미치는 영향이야말로 가장 값진 재산입니다. 자기 자신을 믿으세요. 확신을 가진 한 사람이 진정한 변화의 씨앗이 될 수 있습니다."

조혼에 반대하는 운동가, 하디카 바시르

조혼의 강요

내셔널 유스 이벤트, 미국 플로리다주 레이크 부에나 비스타, 2016년

제가 사는 지역에서는 어린 소녀들의 인형놀이가 전통입니다. 그리고 작은 예식과 함께 인형과 결혼식도 올립니다. 친구들 중 하나가 결혼을 한다고 했을 때 저는 일곱 살이었습니다. 우리 모두 떠들썩한 축하 파티와 한껏 차려입을 생각에 몹시 들떴었죠. 무슨 일이 벌어지고 있는 건지 이해하기에는 너무 어렸습니다. 우리에게는 그저 인형과의 결혼식이 현실이 된 것뿐이었죠.

어느 날 우리는 학교에서 그 친구를 위한 파티를 열었습니다. 그 자리에 주인공이 오기는 했는데 백지장 같은 얼굴에 침울한 표정을 짓고 있었습니다. 우리는 팔에 난 상처를 보고 무슨 일이 있었느냐고 물었죠. 그녀는 울음을 터트리면서 남편이 철사로 때렸다고 했어요. 우리는 충격에 빠졌습니다. 그 친구는 고작 여덟 살이었어요.

그녀의 얼굴이 몇 달간 저를 유령처럼 따라다녔습니다. 그리고 열한 살이 되었을 때 제게도 청혼이 들어왔습니다. 할머니는 아버지에게 받아들이라고 했고 아버지도 만족스러운 눈치였어요. 저는 울기 시작했죠. 아버지가, 제가 교육을 받을 수 있게 늘 지지해주시던 그분이 그 나이의 저를 시집보낼 준비가 됐다는 게 믿기지가 않았어요. 삼촌에게 달려가 사실대로 다 애기했더니 조혼법에 대해 설명해주셨습니다. 저

는 아버지와 할머니에게 가서 용감하게 말했습니다. 법정에서 조혼 소송으로 두 분한테 맞서 싸울 거라고 말이죠. 삼촌은 제 편을 들어주시면서 가족들에게 조혼은 범죄라고 했습니다. 그제야 저희 가족은 그들이 하고 있는 일이 옳지 않다는 걸 깨닫게 됐어요. 그 대담한 한 걸음이 제 인생 전체를 바꾸어놓았죠.

저는 교육에 대해 생각했습니다. 노예처럼 살고 싶지도 않았고 짐승처럼 맞고 싶지도 않았어요. 제게 벌어진 이 모든 일들로 말미암아 언젠가 죽음의 순간에 이르렀을 때 삶이 내게 주었던 온갖 생각과 꿈들, 재능의 망령들이 제 주위를 둘러싸고 있을 거라는 상상을 하게 됐습니다. 이유가 무엇이었건 생각을 실행에 옮기지 않았고 꿈을 좇지 않았으며 리더십을 발휘한 적도 목소리를 내본 적도 없다면 그것들이 침대를 에워싸고 서서 분노에 찬 홉뜬 눈으로 제게 이렇게 말하겠죠. "우리가 네게 와서 오직 너만이 우리에게 생명을 불어넣어 줄 수 있었는데 지금 너랑 같이 영원히 죽음 속에 묻혀야 한다는 거야?" 전 이런 질문들에 시달리고 싶은 생각이 조금도 없었어요.

스스로에게 이렇게 물었습니다. 내가 무슨 역할을 할 수 있을까? 무슨 일을 해낼 수 있을까? 어린 소녀들을 위해 우리 사회에 변화를 일으키려면 내가 어떻게 행동해야 하는 걸까? 저는 제 자신을 믿었습니다. 그래서 싸우기로 결심했습니다. 이 잔인한 법에 대해 사람들에게 널리 알려야겠다고 생각했어요. 강요에 의한 조혼에 대해 지역사회의 문제의식을 높이기 위해 다각도로 전략을 세웠습니다. 그리고 집집마다 돌아다니며 어머니와 아버지, 삼촌, 고모, 조부모의 강요에 의한 조혼이 소녀들의 생식 능력과 정신 건강에 미치는 영향, 경제적인 박탈과 교육의 부족이 삶에 미치는 영향에 대해 설명했습니다. 이제 저는 입법권자들을 만나 의회에서 소녀 친화적인 법률 제정을 논의하라고 설득하고 있습니다.

저는 제 자신을 믿었습니다.
그래서 싸우기로 결심했습니다.
이 잔인한 법에 대해
사람들에게 널리 알려야겠다고 생각했어요.

하디카 바시르(14세)

아동 결혼은 소녀들의 영혼과 삶을 망가트려요

메모리 반다

Memory Banda

아동 결혼, 즉 18세 미만의 소년이나 소녀를 대상으로 한 공식적 또는 비공식적 결혼 중매는 세계적인 문제다. 남아시아에서는 20세에서 24세 사이 여성 중 거의 절반(45%)이 18세 이전에 결혼을 하는 것으로 나타났다. 지구상에서 가장 높은 아동 결혼율을 보이는 열 개의 나라들 중 여섯 개가 서부와 중앙아프리카에 집중되어 있지만 고소득 국가라고 예외는 아니다. 미국의 일부 주에서는 어린이라도 부모나 법적 보호자의 허락이 있으면 나이에 관계없이 결혼할 수 있도록 법으로 허용하고 있고 2014년에만 5만 8,000명의 어린이들이 결혼했다.

말라위공화국의 아동 인권 활동가인 메모리 반다가 아동 결혼의 관행에 반대하는 투쟁을 시작하게 된 것은 극히 사적인 이유에서였다. 그녀는 사람들이 언니를 소위 '입문 캠프initiation camp'라는 곳에 보냈을 때 지역사회가 소녀들에게 위험한 통과의례를 강요하고 있다는 사실을 알게 됐다. 이 캠프는 막 사춘기에 들어선 어린 소녀들에게 전통적 가치관과 성별에 따른 규범들을 주입하기 위해 미리 성년의 경험을 하게 하는데, 이는 섬뜩하리만치 폭력적인 방식으로 이루어졌다. 소녀들에게

아동 결혼에 반대하는 활동가, 메모리 반다

섹스를 하는 법을 가르친다는 명목으로 '성적인 정화'라는 이름 아래 남자 어른들이 소녀들을 강간하는 것이다. 이 경험은 사건 후에도 트라우마나 임신, 신체적 상해, 질병 등 중대한 부정적 결과를 불러왔다.

이런 캠프들 중 하나에 다녀오고 나서 메모리의 언니는 임신을 했고, 더 교육을 받거나 직업적 경력을 쌓을 가능성을 조기에 접은 채 어린 나이에 결혼을 했다. 메모리에게 이것은 용납할 수 없는 대가였다. 그래서 지역사회가 그녀에게 입문 캠프에 참가하라고 권했을 때 그녀는 단호하게 거부했다.

아동 결혼으로 삶에 악영향을 받은 다른 많은 소녀들과 얘기를 나눈 후 아직 십대의 나이였던 메모리는 자신의 조국인 말라위에서 이 관행을 몰아내기 위한 캠페인을 시작했다. '걸 임파워먼트 네트워크Girl Empowerment Network'와 '렛 걸즈 리드Let Girls Lead' 같은 비정부기구와 함께 일하며 아동 결혼에 반대하는 어린 소녀들의 진술을 규합해 온 그녀는 이를 통해 입법권자들에게 압력을 가했다. 이 캠페인으로 그녀는 테드와 오슬로 프리덤 포럼Oslo Freedom Forum 같은 국제적인 무대에 설 기회를 얻게 됐다.

메모리와 같은 활동가들 덕분에 2017년 4월 말라위 정부는 아동 결혼을 금지하고 법률상 결혼 최저 연령을 18세로 올리는 법을 통과시켰다. 그녀는 언니의 딸에 대해 언급하며 "그 작은 소녀는 엄마가 어떤 일을 겪었는지 알아요. 그리고 자신의 미래에 대해 분명 더 큰 희망을 품고 있을 거예요."라고 했다. 궁극적으로 메모리의 활동은 아동 결혼의 잔인한 관행을 종식시키는 것뿐만 아니라 소녀들에게 꿈꿀 자유를 주기 위한 것이다.

말라위에서 아동 결혼을 몰아내기까지

오슬로 프리덤 포럼, 미국 뉴욕, 2017년

제 여동생이 중매로 결혼했을 때 그 아이는 고작 열한 살이었습니다.

저는 화가 나서 항의하고 싶었지만 그러기가 힘들었습니다. 아프리카 국가들에는 아주 많은 전통이 있습니다. 특히 어린아이들이 사춘기에 들어서면 일련의 통과의례를 치러야 하죠. 제 조국에서는 열 살, 열한 살, 열두 살의 소녀들은 입문 캠프라는 곳에 가야 합니다. 거기에는 특별한 날이 있습니다. 지역 공동체의 남자들이 캠프로 와서 각각의 소녀들과 잠자리를 하는 겁니다. '성적인 정화'라고 불리는 전통이죠.

이 어린 소녀들이 남은 인생 동안 겪어야 할 트라우마를 한번 상상해보십시오. 이것이 아프리카 국가들, 특히 제 조국에서 매일같이 벌어지고 있는 현실입니다. 자라면서 저는 수많은 의문이 들었습니다. 제 자신에게 이렇게 물었죠. '어째서 여자아이는 스스로 선택할 권리가 없는 걸까?'

열세 살이 됐을 때 저는 맞서 싸우는 여자아이가 되기로 결심했습니다. 저 스스로가 우리 지역사회의 동료 청소년들의 권리를 변호하기 위해 맞서 싸우는 여자아이가 될 수 있다고 생각했어요. 그래서 소녀들의 네트워크를 만들어 공동체의 전통적인 지도자들을 찾아갔습니다. 그리고 캠프에서 벌어지고 있는 성적인 의식을 금지해줄 것을 요구했습니다.

우리는 정부에 법적인 결혼 최저 연령을 15세에서 18세로 올릴 것을 요구하는 캠페인을 생각해냈습니다. 지역사회 수준이 아니라 국가적인 수준의 캠페인이라 힘들었어요. 그리고 이것은 또한 우리가 정치인들을 상대해야 한다는 의미였죠. 제 기억에 어느 시점에선가 '그냥 여기서 포기해야 할까 봐.'라는 생각이 든 적도 있었습니다. 그러나 목소리를 하나로 모으면 보다 큰일을 해낼 수 있다는 것을 알기에 결코 포기할 수 없었습니다. 우리는 캠페인을 계속해나갔고 상당히 많은 시간이 걸렸습니다. 그리고 마침내 2015년 법률상 결혼 최저 연령이 15세에서 18세로 상향 조정되었습니다.

아직 해야 할 일이 남아 있기에 앉아 있을 틈이 없습니다. 어린아이에 지나지 않는 딸을 결혼시키는 것이 이제는 불법이라는 것을 공동체 전체가 확실하게 인지하도록 지역사회 수준에서 의식을 높여야 합니다.

그리고 이것이 전부가 아닙니다. 세계적으로 소녀들에 대한 교육이 확실하게 보장될 수 있도록 하고 자신과 관련한 문제에 대한 그들의 의견에 귀를 기울여야 합니다. 세계 곳곳의 소녀들이 여러분의 지지를 필요로 하고 있습니다. 변화는 가능합니다. 그러나 변화는 오직 여러분이 분연히 일어나 신념을 위해 싸울 때 가능한 것입니다. 그리고 모두가 하나가 되어 일할 때 변화의 속도는 더욱 빨라질 것입니다.

“

저 스스로가 우리 지역사회의 동료 청소년들의
권리를 변호하기 위해 맞서 싸우는
여자아이가 될 수 있다고 생각했어요.

메모리 반다(20세)

침묵을 깨는 목소리의 최연소 유니세프 친선대사

밀리 바비 브라운

Millie Bobby Brown

밀리 바비 브라운은 넷플릭스의 SF 시리즈 〈기묘한 이야기Stranger Things〉에서 일레븐 역으로 비평가들에게 극찬을 받은 영국 배우다. 세계적으로 주목받는 위치에 서게 된 그녀는 이를 선한 일에 이용하고자 2018년 열네 살의 나이로 최연소 유니세프 친선대사가 되었다. 유니세프 친선대사란 팬들과 새로운 청중들, 세계의 영향력 있는 지도자들에게 유니세프와 전 세계의 어린이들을 대변하는 일을 한다.

밀리는 자신이 중요하게 여기는 사회적 이슈들에 대해 공개적으로 이야기하는 것을 주저하지 않았다. 2018년 키즈 초이스 어워즈Kid's Choice Awards에 플로리다주 파크랜드 고등학교 총기 난동 사건의 희생자 열일곱 명의 이름이 새겨진 셔츠를 입고 나타난 그녀는 수상 수락 연설의 일부분을 총기 폭력에 대한 메시지를 전하는 데 할애했다. 그녀는 또한 영국에서 학교를 다니는 동안 왕따를 당했던 일을 공유하며 학교에서의 집단 따돌림 문제와 이러한 경험이 초래하는 고질적인 불안에 대해 목소리를 높였다.

밀리는 『타임』이 선정한 '세계에서 가장 영향력 있는 100인'에 뽑히기도 했다. 그녀는 『글래머』와의 인터뷰에서 다음과 같이 말했다. "청소년들의 삶은 갈수록 중압감이 심해지고 있어요. 저는 먼저 어린이들이 폭력과 착취로부터 확실하게 보호받을 수 있게 하고 싶어요. 또 소셜 미디어에 만연한 부정적 성향과 맞서 싸울 거예요. 저도 겪은 적이 있지만 이건 마치 질병과도 같아요. 정말 소름이 끼치도록 부정적인 증오심이에요. 기후변화도 저에게는 중요한 이슈죠. 그레타 툰베리가 연설할 때 런던에 있었는데 그녀에게서 큰 영감을 받았어요."

2018년 밀리는 유니세프 친선대사 역할을 수락하는 연설을 했는데 전 세계 어린이들을 돕기 위한 비전을 나누고 청중들에게 세계 어린이의 날을 위해 '파란색을 지지Go Blue'(파란색은 유니세프를 상징하는 색깔이다.)하는 데 동참해줄 것을 촉구했다.*

오늘부터 시작해서 어린이로서 우리의 권리를 되짚어보고 그 권리를 주장합시다. 이는 나 자신을 위한 일일 뿐만이 아니라 세상 모든 어린이들을 위한 일입니다.

밀리 바비 브라운(14세)

* #Goblue 캠페인은 11월 20일 세계 어린이의 날에 파란색 옷을 입거나 세계 주요 관광 명소의 조명을 파란색으로 바꾸어 함께 기념하고 아동 인권 옹호 동참을 표시하는 것이다.

배우 / 유니세프 친선대사, 밀리 바비 브라운

유니세프 친선대사의 약속

유엔 본부, 미국 뉴욕, 2018년

세계 어린이의 날을 축하합니다, 여러분!

유엔에서 세계 어린이의 날을 축하하게 되어 기쁩니다. 오늘은 우리 모두에게 영향을 미치는 이슈들에 대해 자신의 목소리를 내는 어린이들을 축복하는 날이죠. 그래서 제게 세계 어린이의 날은 중요한 의미가 있습니다. 우리를 위한 날이잖아요. 또한 이렇게 유니세프의 역대 최연소 친선대사로 임명을 받게 되어 정말 크나큰 영광입니다. 세계 어린이와 청소년들을 대변하는 국제적인 임무가 주어지는 유니세프의 최연소 친선대사가 되는 것은 개인적인 영광 이상의 것이죠. 막대한 특전이지만, 속담에도 있듯이 강력한 힘에는 강력한 책임이 따르게 마련입니다.

그래서 오늘 공식적인 역할을 시작하며 이런 약속을 드리고자 합니다. 저는 너무나 오랜 시간 동안 침묵 속에 소외되어 온 수백만의 어린이와 청소년들을 위해 그들의 목소리가 되겠습니다. 저는 전 세계의 연약한 어린이와 청소년들이 고통받아 온 문제들을 해결하기 위해 아직 그들이 한 번도 자신의 의견을 드러내보지 못한 곳에서 그들을 대변하겠습니다. 그리고 무엇보다도 어린이와 청소년들이 그들의 권리가 무엇인지 깨닫도록 할 것이며 그들이 원하는 세상의 변화를 만들어가는 데 힘을 보태기 위해 제가 할 수 있는 일이라면 무엇이든 할 것입니다.

지금 이 순간에도 수백만의 어린이들이 교육의 기회를 갖지 못한 채 방치되고 있습니다. 수백만의 어린이들이 집이라고 부를 수 있는 안전한 장소도, 튼튼하고 건강해지기 위한 영양가 있는 음식이나 예방주사도, 심지어 깨끗한 물조차 없이 살아가고 있습니다. 세상 모든 아이들이 어디에 살고 있건 어떤 환경에서 태어났건 사람들이 그들의 목소리를 귀담아들어주는 것이 저의 소망입니다. 우리는 변화를 만들어낼 수 있는 열정과 뜨거움 그리고 아이디어를 가지고 있습니다.

유니세프 친선대사가 되면서 저는 이 직함을 제 영웅인 위대한 고故 오드리 햅번과 나누려고 합니다. 그녀는 생전에 이런 말을 남겼습니다. "나이를 먹을수록 손이 두 개라는 사실을 새삼스럽게 깨닫게 될 거예요. 하나는 다른 사람들을 돌보기 위한 것이고 나머지 하나는 자기를 돌보기 위한 것이죠." 이것이 바로 제가 하려고 하는 것입니다. 저는 유니세프의 놀라운 활동 현장을 직접 돌아보고 가능한 한 많은 아이들을 만날 날을 고대하고 있습니다. 제 팬들도 이 여정을 함께하며 같이 깨달음을 얻고 저와 함께 목소리를 높이고자 하는 마음이 들었으면 좋겠습니다. 오늘부터 시작해서 어린이로서 우리의 권리를 되짚어보고 그 권리를 주장합시다. 이는 나 자신을 위한 일일 뿐만이 아니라 세상 모든 어린이들을 위한 일입니다. 세계 어린이의 날에 저와 전 세계 수천 명의 어린이들과 함께 어린이를 위한 행동에 동참해주시기 바랍니다.

/

목숨을 건 탈출을 하게 만든 건 용기가 아니라 희망

조셉 킴

/

마음이 아픈 이들의 피난처를 만드는 과학 소녀

아만다 사우스워스

/

생리 때문에 학교를 못 가는 게 말이 돼요?

아미카 조지

CHAPTER 09

사회적 소외

그늘에 가려진 사람들을 외면하지 말아요

목숨을 건 탈출을 하게 만든 건 용기가 아니라 희망

조셉 킴

Joseph Kim

조셉 킴은 1990년대 중반 북한의 대기근 시기에 극심한 가난 속에서 자랐다. 북한의 고립과 폐쇄주의로 인해 기아 사망자 수를 정확히 파악할 수는 없지만 대략 수십만에서 100만 명 이상일 것으로 추정된다. 조셉의 아버지 역시 그 사망자 중 한 사람이다.

열여섯 살이 되던 해 조셉은 독재로 악명 높은 이 '은자의 왕국'*에서 위험한 불법 탈출을 감행하기로 결심했다. 중국 국경 경비대에게 발각된 도망자는 다시 북한으로 송환되어 죽음을 맞거나 잔혹하기로 소문난 강제수용소에 수감되는 것이 보통이다. 그러나 그는 간신히 들키지 않고 국경을 넘는 데 성공했다.

중국에서 난민 신분으로 미국에 도착한 뒤 그는 그때까지 알던 모든 것과 모든 사람들을 뒤로하고 완전히 새로운 삶을 꾸렸다. 과거의 경험을 바탕으로 그는 강력한 북한 인권 옹호자이자 국경 밖에서 더 나은

* 폐쇄정책으로 바깥세상과의 교류를 거부하는 나라를 뜻하며, 중국 외에 문호를 단절했던 1637~1876년 조선의 별칭이다.

북한 출신 미국 인권 운동가, 조셉 킴

삶을 찾으려는 북한 난민들을 돕는 미국 단체들의 조력자가 되었다. 그의 수많은 공개 연설들 중 하나인 '아이디어의 도시'에서의 연설에서 그는 자신의 이야기를 하며 어떻게 미국으로 피신하게 되었는지의 여정에 대해 설명했다. 거기에는 필요한 은신처와 자금을 제공해준 탈북자 지원 비영리단체 링크LiNk, Liberty in North Korea의 비밀작전이 숨어 있었다.

2015년 조셉은 『같은 하늘 아래: 북한의 기아로부터 미국의 구원에 이르기까지Under the Same Sky: From Starvation in North Korea to Salvation in America』라는 제목의 자전적인 책을 내놓았다. 그 도입부에 그는 다음과 같이 썼다. '북한의 기근은 수십만의 사람들을 죽음으로 몰아갔다. 그러나 또한 기근은 눈에 보이지 않는 곳에 그 흔적을 남기기도 했다. (…) 비록 몸은 살아남았어도 언젠가는 알게 될 것이다. 긴 시간이 흐르기 전에는 결코 알 수 없는 표지가 당신의 영혼에 새겨졌다는 사실을 말이다. 그 당시 내가 만났던 많은 사람들이 그랬다. 그리고 그건 나 역시 마찬가지다.'

조셉은 인권과 난민 정착 문제를 조명하기 위한 조사와 저술을 계속하고 있다. 그는 조지 W. 부시 프레지덴셜 센터George W. Bush Presidential Center 산하에 있는 인간의 자유 사업 팀Human Freedom Initiative에서 일하며 센터의 아이디어 저널에 난민 지원에 대한 홍보를 지속적으로 해오고 있다. '이런 상황에서 난민을 보호하는 데에는 적지 않은 비용이 소요된다. 그러나 그들을 구하는 일에 실패하는 것에는 훨씬 큰 대가가 따른다. 국제정치가 그들을 외면하고 방치할 때 이는 우리의 인류애를 일부 잃는 것이자 문명이 일보 후퇴하는 것이기 때문이다.'

"

희망은 온전히 개인적인 것입니다.
다른 누가 줄 수 있는 게 아니라
우리 스스로 만들어내야 하는 것입니다.
희망을 찾으려고 하지 말고 자신만의 희망을
만들기 위해 노력하십시오.

조셉 킴(23세)

'아이디어의 도시'에서의 연설

아이디어의 도시, 멕시코 푸에블라, 2013년

어렸을 때 저는 북한에 사는 평범한 소년이었습니다. 아침에 겨우 눈 비비고 일어나서 제일 좋아하는 만화 캐릭터의 모험을 몸소 실연하느라 나무 위에 기어 올라갔다가 뛰어내리기를 반복하고 언젠가 하늘을 날 수 있을 거라 상상하며 하루의 대부분의 시간을 보냈죠. 그런데 열세 살이 되던 해 모든 것이 변했습니다. 아버지가 굶주림 때문에 돌아가신 겁니다. 곧이어 누나가 돈을 벌어 오겠다며 중국으로 갔습니다. 누나는 떠나던 날 제가 제일 좋아하는 음식을 사가지고 얼른 돌아오겠다고 약속했죠. 그러고는 어머니가 사라졌습니다. 그 이후로 그들의 소식을 듣지 못했습니다.

저는 고아가 되었습니다. 북한의 수많은 홈리스 아이들 중 하나가 된 거죠. 거리에서 음식을 구걸하기 시작했습니다. 시장 손님들에게 다가가서 이미 머릿속으로 천 번이 넘게 연습한 말을 크게 소리 내어 하는 겁니다. "먹고 남은 국물을 좀 주시면 안 될까요?" 저는 인간으로 사는 것을 포기했습니다. 유일한 걱정은 살아남는 것뿐이었습니다.

다른 도시에 있는 조부모님 댁을 방문하기 위해 신이 나서 가던 기차역은 굶주린 배를 달래며 길고 추운 밤을 보내는 안식처가 되었습니다. 첫날 밤 저는 나무 벤치 구석에 웅크리고 누워 끝도 없이 눈물을 흘렸습니다. 이미 지나가 버린 시간들이 어제 일처럼 떠올랐습니다. 그때는 부모님과 누나와 함께 그곳에서 기차가 오기를 기다리고 있었죠. 저를 가장 눈물 짓게 했던 것은 배고픔이나 고통, 추위가 아니었습니다. 그것은 가슴 한복판이 텅 빈 것 같은 외로움이었습니다.

저는 영양실조에 걸린 채 흙바닥에 누워 배고픔에 신음하면서 죽음이 그 고통을 거두어 갈 순간만을 기다리고 있는 아이들을 셀 수도 없이 많이 보았습니다. 한번은 다섯 살 정도 되어 보이는 남자아이가 "음식, 음식, 음식." 하면서 같은 말을 반복하고 있었습니다. 다음 날 그 아이는 "엄마, 엄마, 엄마, 어디 계세요?"라고 외치기 시작했습니다. 그다음 이틀 동안은 너무 작게 속삭여서 무슨 말을 하는 건지 도무지 알아들을 수가 없었습니다. 그리고 그가 죽었을 때 비로소 경찰들이 와서 시체를 치웠습니다.

혹독한 추위나 굶주림의 고통으로 잠을 이루기가 힘들 때면 전 누나가 제가 제일 좋아하는 음식을 가지고 와서 저를 깨우는 상상을 하곤 했습니다. 그 희망이 저를 살아 있게 해주었습니다.

누나가 돌아오기만을 기다린 지 3년이 지나자 저는 그녀를 찾아 직접 중국으로 가기로 마음을 먹었습니다. 위험하다는 건 알고 있었지만 어차피 어느 쪽이든 목숨을 거는 건 매한가지였습니다. 아버지처럼 앉아서 굶어 죽느니 적어도 중국으로 탈출해서 더 나은 삶을 찾아가는 시도라도 해보려는 거였죠. 저는 2006년 2월 15일 마침내 중국에 도착했습니다. 중국에는 먹을 게 더 많으니 모든 일이 수월할 거라고 생각했지만 잡혀서 송환당할까 봐 늘 불안에 떨며 지내야 했습니다. 몇 달 후 저는 기적적으로 북한 인권을 위한 비영리단체인 링크를 알게 되었고 그들의 도움을 받아 북한 난민 자격으로 미국에 올 수 있었습니다.

미국에서의 삶은 달랐습니다. 밤이 점점 짧아지기 시작했습니다. 음식과 따뜻한 이불 그리고 편안한 쉴 곳이 있어 쉽게 잠들 수 있었기 때문이었습니다.

희망은 온전히 개인적인 것입니다. 다른 누가 줄 수 있는 게 아니라 우리 스스로 만들어내야 하는 것입니다. 희망을 찾으려고 하지 말고 자신만의 희망을 만들기 위해 노력하십시오. 결코 포기하지 마세요.

마음이 아픈 이들의 피난처를 만드는 과학 소녀

아만다 사우스워스

Amanda Southworth

전 세계적으로 매년 80만 명에 가까운 사람들이 자살로 삶을 마감한다. 40초마다 한 생명이 사라지고 있는 것이다. 정신 건강은 모든 사람들에게 영향을 미치는 이슈지만 사회적 낙인 때문에 공개적으로 정신 건강에 대해 이야기하는 것을 주저하게 된다. '미친 사람'으로 불리거나 위험한 존재로 인식되거나 나중에 차별 대우를 받거나 감시를 당하는 것이 두려운 것이다. 이런 위험천만한 낙인과 맞서는 최고의 방법은 많은 사람들이 스스로 나서서 자신의 이야기를 공유하는 것이다.

아만다 사우스워스는 공공의 정신 건강에 대한 인식과 지원을 지지하는 활동가다. 그녀가 평생에 걸쳐 해온 정신 건강과 관련한 싸움은 우울증과 불안, 자해 충동으로 고통받는 사람들을 대신해서 목소리를 높이는 일이었다. 자신의 경험을 공개적으로 이야기하고 청중에게 정신 건강에 보다 세심한 주의를 기울일 것을 촉구하며 그녀는 이 이슈에 대한 거리낌 없는 대화를 긍정적으로 만들려는 광범위한 운동에 이바지하고 있다. 2018년 펜실베이니아 여성 총회에서 한 연설에서 그녀는 많은 웹사이트들이 사용자 참여 극대화를 위한 알고리즘*을 사용하는

정신 건강 옹호자, 아만다 사우스워스

점을 들며 과학기술의 미묘한 영향력에 대해 이야기했다. 이를 뒷받침하기 위해 온라인상에 유포된 거짓말들 때문에 극우주의에 빠져든 부모를 지켜봤던 극히 사적인 경험을 예로 들긴 했지만, 동시에 과학기술은 그녀가 한창 극심한 우울증과 불안에 시달리며 고통받는 동안 유일하게 숨 쉴 구멍이 되어주기도 했다. 아만다는 청소년들에게 정신 건강을 지키는 수단(문제에 부딪쳤을 때 회복력을 길러주는 게임이나 훈련 같은)을 제공하는 앱을 구축하며 삶의 목적을 찾았다고 말했다. 그리고 마음의 상처와 집단 괴롭힘, 억압 앞에서 침묵의 방관자로 남는 대신 도움의 손길을 내미는 것이 중요하다고 강조했다.

* 웹사이트 방문자들을 더 오래 머물게 하고 그들에게서 더 많은 정보를 수집하기 위해 갈수록 더 극단적인 콘텐츠를 보여주는 방식.

2018 펜실베이니아 여성 총회 연설

미국 펜실베이니아주 필라델피아, 2018년

학교가 재미있는 곳이었던 적은 한 번도 없었습니다. 자라면서 집단 따돌림을 당했고 6학년 중간에 불안과 우울증 그리고 식이장애가 생겼습니다. 중학교 1학년 때 아빠에게 자살 유서를 썼고 4년 후 매우 심각한 외상 후 스트레스 장애PTSD 진단을 받았죠. 이 모든 것이 열일곱 번째 생일을 맞기 전에 일어난 일들이었습니다.

그러다 전 과학기술 속에서 피난처를 발견했습니다. 정신 질환을 앓고 있는 사람들이 무언가를 배울 수 있는 공간이자 정신 건강 전문가에게 도움을 받을 때까지 스스로를 지탱할 도구를 만들어낼 수 있다는 걸 깨달았죠. 그래서 정신 질환과 싸우는 사람들에게 필요한 정보와 자료들, 인지행동치료를 제공하는 '불안 도우미AnxietyHelper'라는 이름의 앱을 개발했습니다. 이것을 출시했을 때가 열세 살이었어요. 제 앱의 이용자 한 명 한 명이 제가 살아 있어야 할 또 다른 이유가 돼주었습니다. 그들을 보호하기 위해 저는 아침 6시에 일어나 학교에 갔고 새벽 1~2시까지 앱을 관리했습니다. 제가 '불안 도우미'를 시작했던 이유가 사람들이 안전하기를 바랐기 때문이니까요.

제 성소수자 친구들이 학대와 집단 따돌림, 증오 범죄 같은 것들의 대상이 되었을 때 저는 사람들이 이 명백한 범죄를 개인의 성적 정체성의 부작용 정도로 취급하는 것을 봤습니다. 아직 제 성적 정체성을 감추고 살 때 엄마가 제 레즈비언 친구에게 성적 취향 전환 치료를 받아보는 게 어떻겠느냐고 하는 소리를 들은 뒤 저는 '베레나Verena'라는 이름의 두 번째 앱을 개발하기로 결심했죠. 이 앱은 성소수자 공동체 멤버들을 위해 완벽하게 암호화된 보안 장치입니다. 비상 상황이 발생했을 때 익명으로 저장된 연락처들에 경보 메시지를 보낼 수 있고, 사후 보고를 위해 사건 정보를 저장하며, 가까운 곳에 있는 안전한 장소를 검색하고, 사용자가 제시간에 집에 들어오지 않을 경우 저장된 연락처들에 사용자의 위치를 알리도록 타이머를 설정할 수 있습니다. 그리고 무엇보다도 학대하는 부모나 연인이 찾아낼 경우를 대비해 마치 수학 앱처럼 보이게 해놓았죠.

고등학교 1학년이 절반쯤 지난 1월, 저는 학교를 그만두고 학대하는 엄마를 피해 아빠와 함께 로스앤젤레스로 이사했습니다. 과학기술을 이용해서 사람들을 돕는 일에 제 시간을 모두 쏟아부은 덕분에 의회에서 2,700만 원의 보조금을 받게 됐습니다. 그리고 여느 평범한 십대라면 할 법한 일을 했죠. 고등학교를 중퇴하고 비영리 소프트웨어 개발 회사인 '아스트라 랩스Astra Labs'를 설립했습니다. 과학기술로 사람들을 돕는 일을 계속하려고요. 제가 아스트라를 만든 것은 과학기술을 선한 일에 사용하고 싶었기 때문입니다. 그리고 우리는 전 세계에서 8만 3,000명의 사용자들을 끌어모았습니다.

이전의 활동가들과 지지자들처럼 저는 저를 억압하고 제 위에 군림하려는 제도를 바로잡기 위해 노력할 것입니다. 그러나 저 혼자 할 수 있는 일이 아닙니다. 우리는 여성으로서뿐만 아니라 이 지구상에 살아가는 사람으로서 우리를, 또는 우리보다 덜 가진 사람들을 억압하는 것들을 무너트리는 일에 책임을 다해야만 합니다.

“

제가 아스트라를 만든 것은 과학기술을 선한 일에 사용하고 싶었기 때문입니다.

아만다 사우스워스(16세)

생리 때문에 학교를 못 가는 게 말이 돼요?

아미카 조지

Amika George

아미카 조지는 여성의 생리가 부끄러운 것이 아니라 여학생들을 학교 밖으로 밀어내지 못하도록 조치를 취하지 않는 것이 부끄러운 일이라고 생각한다. 중학교에 다니는 동안 아미카는 생리 빈곤—지구 시민*의 정의에 따르면 '생리용품과 생리 위생 교육, 화장실, 손 세척 시설, 또는 쓰레기 처리에 대한 접근의 부족'을 의미한다—이라는 말과 조국인 영국을 포함한 전 세계 학생 중 일부가 왜 매달 일주일씩 학교에 가지 못하는지 알아내고 몸서리를 쳤다.

아미카는 여성의 생리가 전 인구의 절반이 경험하는 일인데도 어떠한 주요 정당도 이 문제에 대해 조치를 취하려고 나서지 않는다는 것을 알고 경악했다. 그래서 아미카는 직접 행동에 나서기로 결심하고 2017년 '#프리피리어즈FreePeriods'**라는 사회운동을 일으켰다. 이는 생리 빈곤에 대한 인식을 확산시키고 각 학교와 대학들에 무료 생리용품

* 지구적 관점에서 행동하는 주체로서의 인간을 의미하는 말.

** 생리 해방.

지원을 촉구해 자연스러운 신체 과정 때문에 교육 기회를 놓치는 사람이 없도록 하기 위한 것이다. 프리피리어즈 웹사이트는 다음과 같이 밝히고 있다. '스코틀랜드 정부는 모든 일선 학교와 대학들에 생리용품을 무상 지원하게 하는 역사에 남을 만한 결단을 내렸고 웨일스 정부 역시 생리 빈곤 퇴치를 위해 14억 4,000만 원의 기금 조성을 약속했다. 그리고 영국만 홀로 뒤처진 채 남아 있다.'

#프리피리어즈 운동은 온라인과 거리 양쪽에서 호응을 얻었다. 배우 엠마 왓슨은 미국의 유명 잡지 『틴보그Teen Vohue』에서 뽑는 '21세 미만의 인물 21명' 후보로 아미카를 추천하기도 했다. 런던에서 하루 동안 열리는 청소년 행사인 와이어드 넥스트 제너레이션 콘퍼런스에서 아미카는 캠페인을 시작하게 된 계기부터 영국 수상의 자택 앞에서 벌였던 시위까지 이 운동에 대한 모든 것을 자세하게 설명했다.

생리 빈곤 퇴치 활동가, 아미카 조지

어떻게 #프리피리어즈 운동을 일으켰나

와이어드 넥스트 제너레이션, 영국 런던, 2018년

어느 날 아침을 먹으면서 핸드폰으로 신문 기사를 읽고 있었습니다. 매달 일주일씩 학교에 가지 못하는 소녀들에 관한 기사였는데 전 믿을 수가 없었어요. 그 이유가 정말 말도 안 되는 것이 생리대와 탐폰을 살 형편이 안 되기 때문이라는 겁니다. 생리가 학교를 못 가게 막고 있는 거였죠.

저는 지역 하원의원에게 연락을 취했습니다. 그리고 모두가 이 문제에 대해 손을 놓고 있다는 걸 알았고 화가 났습니다. 소셜 미디어에서 살다시피 하는 십대로서 저는 #프리피리어즈를 시작하는 데 인터넷을 이용하기로 했습니다. 그래서 'change.org'에 탄원서를 올렸죠. 무상급식을 지원받는 소녀들에게 생리용품도 무상으로 지원해주자는 것이 제 아이디어였습니다. 저소득층 가정이라는 게 이미 증명된 이들이고 생리 빈곤으로 고통받고 있을 가능성이 높으니까요. 몇 주 만에 2,000명이 넘는 사람들이 탄원서에 서명했고 지금은 18만 명을 넘어섰습니다.

2017년 5월 총선을 앞두고 저는 생리 빈곤 문제와 관련해서 정당들과 접촉을 시도했습니다. 그리하여 녹색당과 자유민주당, 여성 평등을 위한 정당에서 총선 공약 선언문에 생리 빈곤의 종식을 위한 서약을 명시했습니다. '생리'라는 말이 세 정당의 선언문에 나란히 들어간 것입니다. 처음 있는 일이었을 거예요.

몇몇 친구들과 함께 저는 다우닝가* 바깥쪽에서 #프리피리어즈 시위를 조직하기로 결심했습니다. 시위 당일 제 눈앞에 빨간색 바다가 펼쳐졌습니다. 2,000명 가까운 젊은이들이 저마다 '생리'라는 말로 말재주를 부린 플래카드를 들고 나타났습니다. 모두가 한껏 상기된 표정이었죠. 그들은 이 심각한 사회적 문제에 대해 우리가 얼마나 분노하고 있는지 정부에게 보여주고 싶어 했습니다. 상당히 충격적인 사안에 대해 시위를 하는 자리였는데 놀라운 연대감과 축제 같은 분위기가 생겨났어요. 우리는 말 그대로 테리사 메이Theresa May**의 침실까지 들릴 정도로 소리를 질렀고 그녀는 진짜로 저희들의 목소리를 들었죠. 그래서 영국의 생리 빈곤 해소를 위해 거의 22억에 가까운 지원금을 받게 됐습니다. 엄청난 진전이긴 했지만 지원 기간이 단지 1년뿐이라 장기적이고 지속 가능한 해결책은 아닙니다. 저는 모든 중고등학교에 소녀들을 위한 관련 규정이 생겨서 마땅히 받아야 할 교육을 놓치는 사람이 아무도 없게 될 때까지 계속해서 싸워나갈 것입니다.

이 캠페인에서 제기하고자 하는 또 한 가지 이슈는 생리를 둘러싼 금기와 침묵입니다. 생리를 하는 분들은 생리에 대해 얘기하는 걸 주저하지 마시고 생리를 하지 않는 분들이라도 그냥 자연스럽게 대화를 시작해보세요. 그렇게 어려운 일이 아니에요. 게다가 사람들이 빠르게 마

* 영국 정치의 상징적인 거리로 10번가에는 영국 총리 관저가 있다.
** 영국의 하원의원이자 2010~2016년까지 영국 내무장관 역임.

음을 열도록 만들어주죠. 양성평등을 위한 싸움에서 앞으로 나아가려면 생리가 차지하는 부분이 아주 클 수밖에 없습니다.

다음번에 온라인에서 관심을 끄는 문제가 보이면 '이건 나에게 달린 일이야.'라고 생각하시기 바랍니다. 그게 제 경우처럼 생리가 될 수도 있고 전혀 다른 사안이 될 수도 있습니다. 여러분을 지지하는 사람들은 언제나 있을 겁니다. 친구일 수도 있고 나만큼이나 세상의 변화를 원하는 지구 반대편의 누군가일 수도 있습니다. 프리피리어즈 시위가 증명했듯이 숫자가 주는 힘이 분명 있습니다. 그러니 마음에 둔 이슈에 대해 친구들과 이야기를 나누고, 온라인 탄원서를 올리고, 시위를 조직하고, 세상이 변하는 것을 보고 싶다고 사람들을 향해 외치세요.

“

양성평등을 위한 싸움에서
앞으로 나아가려면
생리가 차지하는 부분이
아주 클 수밖에 없습니다.

아미카 조지(19세)

/
우리는 있는 그대로 특별합니다
재즈 제닝스

/
하버드대 남자 수영선수가 된 소녀
슈일러 베일러

/
틀린 게 아니라 그냥 다를 뿐이에요
개빈 그림

/
저는 자랑스러운 아시아계 '미국인'입니다
칸웬 수

/
성소수자 공동체의 숨은 영웅들을 잊지 마세요
트로이 시반

CHAPTER 10

정체성

내가 나이기 위해 허락을 받을 필요는 없잖아요?

성전환자 권리 옹호자, 재즈 제닝스

우리는 있는 그대로 특별합니다

재즈 제닝스

Jazz Jennings

재즈 제닝스는 성소수자LGBTQ 권리 운동가이자 유튜브와 텔레비전 스타이기도 하다. 그리고 세계를 돌며 사랑과 희망 그리고 자신의 이야기와 함께 성전환자 청소년들의 사회적 수용을 위한 메시지를 전하는 공개 연설가이기도 하다. 생물학적 성별은 남자로 태어났지만 재즈는 아주 어렸을 때부터 자신이 실은 여자아이라는 것을 알았다. 그래서 학교와 운동 경기장에서 본연의 모습을 인정받기 위해 가족과 함께 싸웠다. 자라면서 재즈는 소녀 팀에서 축구를 계속하기 위해 미국 축구 연맹United States Soccer Federation에 이의를 제기해야 했고, 유치원생이 출생증명서에 적힌 것과 다른 성정체성에 확신을 가질 수 있다는 것을 납득하지 못하는 학교 관리자들을 상대해야만 했다.

재즈는 TV 리얼리티쇼에 출연하고 있고(〈나는 재즈입니다I am Jazz〉) 회고록을 출판한 저자이자 자신의 어린 시절을 담은 아동 도서(『나는 재즈입니다I am Jazz』)의 공동 작가이기도 하다. 그녀는 또한 성전환 어린이들을 돕기 위한 재단(트랜스키즈 퍼플 레인보 파운데이션TransKids Purple Rainbow Foundation)을 공동 창립하기도 했다. 이 단체는 성전환 청소년들을 위한 이벤트를 후원하고 여름 캠프에 장학금을 제공하며 연구 조사에 자금을 기부하고 홈리스 성전환 청소년과 가족들을 재정적으로 지원하는 일을 하고 있다.

HRC 재단Human Right Campaign Foundation*의 '타임 투 스라이브Time to Thrive' 콘퍼런스에서 했던 연설에서 그녀는 특히 학교에서 아이들에게 자신의 성정체성을 자유롭게 표현할 수 있게 지원하는 정책이 얼마나 중요한지를 강조했다. 그리고 이와 더불어 그녀가 배우고 성장할 수 있도록 안전한 환경을 만들어준 주위의 어른들에게 감사의 마음을 전했다.

저는 있는 그대로의 제가 자랑스럽습니다.
모든 성전환 아이들이 저처럼 자신의 고유함을
받아들일 수 있기를 바라는 마음입니다.

재즈 제닝스(14세)

* 성소수자 평등을 위한 인권 캠페인 재단.

HRC 재단의 '타임 투 스라이브' 콘퍼런스

미국 오레곤주 포틀랜드, 2015년

저는 평범한 열네 살 소녀입니다. 친구들이랑 노는 것이 즐겁고 축구와 테니스를 하고 그림을 그리고 글을 쓰며 노트북 컴퓨터로 TV 프로그램을 한꺼번에 몰아서 보는 것을 무엇보다도 좋아하죠. 아, 그리고 어쩌다 보니 성전환자이기도 합니다. 혹시나 해서 확실하게 해두는 건데 마지막에 덧붙였다고 해서 이것이 부정적인 의미는 아닙니다. 성전환자로 사는 것은 저를 특별하게 만들어주고 오늘의 나라는 사람을 형성하는 데 도움을 주었습니다. 저는 있는 그대로의 제가 자랑스럽습니다. 모든 성전환 아이들이 저처럼 자신의 고유함을 받아들일 수 있기를 바라는 마음입니다. 오늘 저는 이 자리에서 제 이야기를 여러분과 나누려고 합니다. 스스로를 사랑하고 남들과 달라도 괜찮다는 메시지가 세상 곳곳으로 퍼져나갈 수 있게 말이죠.

태어나면서 저는 출생증명서 성별란에 남자로 기록이 됐습니다. 그렇지만 제 자신을 표현할 수 있게 된 순간부터 저는 매우 여성스럽게 행동했어요. 반짝거리는 것이나 예쁜 것, 소녀 취향의 것들에 끌렸고 엄마나 누나들처럼 되고 싶었습니다. 어딜 가나 늘 동화 속 인어나 공주처럼 차려입었고, 구슬 목걸이를 하고 플라스틱 하이힐을 끌고 다녔죠. 전부 디즈니 상점에서 엄청나게 비싼 돈을 주고 산 것들이었어요. 세 살 때 전 저를 '반짝이 공주님'이라고 불렀습니다. 제가 여자아이라고 주장하기 시작했을 때가 이때쯤이었을 겁니다.

유아원에서 저는 관리자들의 심한 반감에 직면해야 했어요. 그 사람들한테 성전환자 유아란 들어본 적도 없는 것이었으니까요. 초등학교에 딸린 유치원에 갈 때가 다가오자 부모님은 규칙에 순응해서 저를 남자아이로 입학시키는 것이 해가 될 거라는 걸 아셨습니다. 학교 관리자들의 반발을 예견하신 부모님은 정식 입학 몇 달 전에 교장과의 면담을 신청했어요. 그러나 교장 선생님은 어린 남자아이가 자신의 학교에 여자아이로 다니는 걸 전혀 이해하지 못하셨죠. 그래서 제가 여자아이로 학교생활을 시작하는 것을 단호하게 반대하셨습니다. 대신 성별을 구분하는 대명사는 쓰지 않아도 좋다고 하셨죠. 그렇지만 여러 번 강하게 밀어붙인 끝에 제가 여성 대명사를 쓰는 것을 마지못해 허락하셨어요. 그런데 우리가 끝까지 그녀의 마음을 돌릴 수 없었던 유일한 한 가지가 바로 화장실 문제였습니다. 학교 사무처에서 저한테 교실 밖에서 양호 교사용 화장실을 사용하게 했습니다. 거기는 아픈 아이들이 토하러 가거나 심하게 베이거나 코피가 터진 아이들이 달려가는 곳이었어요. 정말 끔찍했죠. 그래서 저는 방광이 금세 터질 것 같아도 소변을 그냥 꾹 참거나 아니면 결국 화장실을 가려고 종종 사고가 난 척해야 했습니다.

부모님은 제가 계속 소녀 축구팀에 남을 수 있게 하려고 바쁘게 뛰어다니시느라 화장실 문제는 몇 년만 접어두기로 결정을 내리셨어요. 그런데 운 좋게도 5학년이 되면서 새로운 교장 선생님이 오시고 학교 이사회에서도 생물학적 성에 따르지 않는 학생들의 권리를 보호하는 새로운 정책을 통과시켰죠. 마침내 평화로운 마음으로 볼일을 볼 수 있게 되어서 무척이나 행복했습니다. 그리고 저는 지금 중학생이 되었습니다. 학교에서 저를 100% 지지해준다고 말할 수 있게 되어 정말 기쁩니다. 훌륭하신 교장 선생님은 제가 모든 점에서 다른 여자아이들과 똑같은 대우를 받게 해주셨어요. 저는 스포츠 소녀 팀 소속이고 다른 여자아이들처럼 옷을 입고 다닐 수 있어요.

전 제가 아주 운이 좋은 아이라고 생각합니다. 지금은 도움이 필요할 때 의지할 수 있는 어른들이 학교에 계시지만 더 어렸을 때를 되돌아보면 훨씬 더 나은 상황이 될 수도 있지 않았을까 싶어요. 그래서 모든 학군에 저와 같은 아이들을 보호하는 정책이 있어야 하는 것입니다. 성전환 청소년의 50% 정도가 스물한 살이 되기 전에 자살을 시도한다는 사실을 다시 한번 마음에 새겨주시기를 바랍니다. 여러분 각자가 이 통계치를 낮출 수 있는 힘을 가지고 있습니다.

하버드대 남자 수영선수가 된 소녀

슈일러 베일러

Schuyler Bailar

슈일러 베일러는 하버드 대학교의 뛰어난 수영선수다. 여자아이로 태어난 슈일러는 걷는 법과 동시에 수영하는 법을 배우며 '물의 아이'로 자라났고 네 살 때부터 수영에서 경쟁력을 드러내기 시작했다.

성별에 대한 통념적 기대에 순순히 따르지 않는다는 이유로 초등학교와 중학교에서 괴롭힘을 당한 뒤 고등학생이 된 슈일러는 좋은 학업 성적을 받고 수영에서 국내 신기록을 세우며 학교생활에 적응하기 위해 안간힘을 썼다. 그리고 마침내 하버드 대학교 여자 수영팀 코치의 주목을 끌면서 팀으로의 영입이 결정됐다.

그러나 표면적으로는 성공을 거뒀지만 슈일러는 정신 질환과 자해로 고통받았고 결국 치료를 위해 1년간 휴식기를 갖게 되었다. '그'가 다른 이들 앞에서 커밍아웃을 한 것이 바로 이때였다.『이코노미스트』가 주최한 행사에서 한 연설에서 그는 성전환 후에 남자 수영팀에서 수영을 할 것인지 말 것인지 결정해야 했던 당시의 이야기를 털어놓았다. 그는 자신의 개인적인 여정을 통해 청소년들에게 좋아하는 스포츠에서 성공하기 위해 정체성을 희생할 필요는 없다는 것을 보여주었다.

성전환자 권리 옹호자 / 수영선수, 슈일러 베일러

나의 여정

『이코노미스트』 최전방의 목소리(Voices from the Frontlines), 영국 런던, 2017년

하버드 대학교 여자 수영팀 코치 사무실에 앉아 있는데 그녀가 여자 팀이든 남자 팀이든 어느 팀에서 수영을 할지 선택권은 제게 있다고 말했습니다. 전 눈물을 터트렸어요. 안도의 눈물도, 기뻐서 흘리는 눈물도 아니었습니다. 신이 나서 눈물을 주체하지 못했던 건 더더욱 아니었어요. 저는 사실 잔뜩 겁에 질려 있었습니다. 왜냐하면 이제 둘 중 하나를 선택해야만 하는 상황이 왔으니까요. 여자로서 여자 팀에서 수영을 하면서 하버드대 기록을 갈아치우고 전국대회에 진출하고 올림픽 예선전에 참가하기 위해 애써왔던 것이 그때까지 살면서 제 목표의 전부이자 제 삶의 전부였거든요. 반대로 이제 남자 선수로 처음부터 다시 시작해서 전혀 새로운 목표를 향해 노력하며 행복해질 가능성이 생긴 거죠. 여자 팀 코치는 이렇게 말씀하셨어요. "슈일러, 너는 지금 절벽 위에 서 있는 거야. 넌 모르겠지만 안전벨트는 이미 하고 있으니까 그저 뛰어내리기만 하면 돼. 위험은 감수해야지." 전 그녀에게 이렇게 이메일을 썼습니다. "뛰어내릴게요." 그리고 진짜로 뛰어내렸죠.

남자로 처음 수영대회에 참가해서 경기 전 국가가 나오는 동안 서 있었을 때가 기억이 납니다. 가슴에 손을 올려놓았는데 더 이상 손 밑에 닿는 수영복 끈이 없었어요. 늘 여자 수영복의 한쪽 어깨끈 위에 손가락 하나를 올려놓곤 했는데 스피도* 하나만 입고 있었거든요. 저는 그 순

간 모든 것이 달라졌다는 것을 깨달았습니다. 살면서 처음으로 진정한 제 자신으로 수영을 하는 거였으니까요. 아무런 제약 없이 온전한 저였습니다. 믿을 수 없을 만큼 놀라운 기분이었죠.

제 이야기를 공유하는 것에 열심인 이유가 이것입니다. 제가 어렸을 때는 우러러보면서 '나도 진짜 내가 될 수 있어.'라고 생각할 만한 성소수자 롤 모델이나 운동선수가 없었거든요. 그래서 이렇게 슈일러라는 이름의 한 개인이 아니라 성전환자 운동선수로서 제 이야기를 들려드리는 겁니다. 있는 그대로의 모습으로 자신이 사랑하는 일을 할 수 있다는 것을 사람들에게 알려주고 싶어서요.

* 몸에 딱 붙는 남자 수영복.

틀린 게 아니라 그냥 다를 뿐이에요

개빈 그림

Gavin Grimm

개빈 그림은 고등학교에 입학하고 나서 바로 성전환자로 커밍아웃을 했다. 그의 부모는 변함없는 사랑과 지지를 보내주었고 학교에서도 처음에는 그의 성정체성을 존중해주었다. 그러나 지역교육위원회에서 가족에게 알리지도 않고 개빈의 학교 남자 화장실 사용 문제를 논의하는 회의를 열면서 모든 것이 바뀌고 말았다. 지역 주민 일부가 생물학적 여성으로 태어났으면 설사 자신의 성정체성과 맞지 않는다 하더라도 여자 화장실을 사용하는 것이 옳다고 주장했고 교육위원회가 이에 굴복한 것이다. 개빈은 차별을 했다며 교육위원회를 상대로 소송을 제기했고 이 사건은 버지니아에서 연방 법원까지 올라갔다. 교육위원회는 고소를 취하시키려고 애썼지만 판사는 개빈의 학군의 화장실 사용 관련 정책이 엄연한 차별이라고 명시하며 그에게 유리한 판결을 내렸다. 그러나 개빈이 이 승리를 얻어낸 것은 이미 고등학교를 졸업한 후인 2018년이었다.

성전환자 학생들과 그들의 권리를 둘러싼 가장 큰 논쟁거리 중 하나가 바로 화장실 사용 문제다. 특히 학생들이 과연 성정체성에 상응하는

성전환자 청소년 권리 옹호자, 개빈 그림

화장실을 사용하도록 허용되어야 하는지가 쟁점이 된다. 성전환자 학생인 개빈에게 이 논란은 소모적인 정치적 싸움 이상의 의미를 지니고 있었다. 버지니아의 글로스터 고등학교를 다니는 동안 그의 건강과 행복을 좌우했기에 극히 개인적인 문제였던 것이다. 오바마 행정부는 연방 자금 지원을 받는 미 전역의 초중고등학교들이 성전환자 학생들의 권리를 보호하도록 하는 지침을 발표했다. 그러나 2017년 트럼프 행정부가 이 보호 조치들을 철회했다.

트럼프 행정부 밑에서 민권에 대한 토론회를 준비하던 하원의원들은 이 일을 계기로 개빈을 초청해 그의 경험과 교육위원회 앞에서 공개 토론의 대상이 된 일이 그에게 미친 영향, 성전환자 아이들에 대한 지속적 보호의 중요성에 대해 발언하도록 했다.

'출범 100일을 맞은 트럼프 행정부의 민권'에 대한 개빈 그림(개빈 그림 대 글로스터 카운티 교육위원회 사건의 원고)의 발언

미국 워싱턴 D.C., 2017년

고등학교 1학년을 마치면서 저는 부모님에게 제가 오랫동안 인지하고 있던 사실을 털어놓을 용기를 내게 되었습니다. 저는 제가 성전환자이고 남자라고 말씀을 드렸어요. 그렇지만 부모님은 그저 변함없는 사랑과 지지를 보내주셨죠.

학교가 다시 시작될 무렵 저는 성전환 과정을 마치고 마침내 제 본연의 모습으로 생활할 수 있게 되었습니다. 교장 선생님도 남자 화장실 사용을 허락해주셨죠. 그런데 불행하게도 그때 느꼈던 안정감은 진짜가 아니었어요. 7주가 지나고 나서 교육위원회에서 회의가 열렸습니다. 제 성기와 화장실 사용 문제에 대한 공개 토론이었어요. 저와 제 가족에게는 알리지도 않고요. 엄마와 제가 그 회의에 대해 우연히 알게 된 것은 회의 시간까지 스물네 시간도 채 남지 않았을 때였습니다.

저는 회의에 참석해서 남자아이로서 다른 남자아이들과 다를 바 없이 생활하는 것이 저한테 왜 중요한지에 대해 이야기했습니다. 학교에서 남자 화장실을 사용하는 건 당연히 포함되는 문제겠죠. 가족과 몇몇 가까운 친구들이 제 편을 들어주었어요. 그러나 그 후에 닥쳐올 일들에 대해서는 전혀 예측도 하지 못했죠. 저와 반대 입장에 선 사람들은 말하는 중간에 저를 가리킬 때마다 꼬박꼬박 여성 존칭과 여성 대명사를 썼습니다. 저한테 강간이나 성적 학대를 당하게 될 거라고 경고하기도 했어요. 한 달 후에 열린 두 번째 회의에서 그들의 어조는 더욱 선동적이었습니다. 지역사회 전체로 소문이 퍼지고 사람들이 떼를 지어 나타났어요. 과격한 발언이 오고 갈 때마다 떠나갈 듯한 박수 소리와 고함소리가 회의장 안에 울려 퍼졌죠. 저는 교육위원회가 저를 화장실로 개조한 청소도구함으로 보낼 것인지, 아니면 양호실로 보낼 것인지를 놓고 투표하는 동안 그곳에 그냥 멍하니 앉아 있었습니다.

교육위원회는 할 수 있는 가장 모욕적인 방식으로 제가 틀렸다는 것을 똑똑히 보여주었죠. 그러나 그로부터 2년 후 저는 더 강하고 긍지에 찬 모습으로 다시 일어섰습니다. 이 사건이 제가 졸업하기 전에 해결되지는 않겠지만 이 싸움은 저 개인을 넘어선 의미가 있습니다. 이것은 우리 학교의 다른 성전환자 청소년들을 위한 것이며, 지금 학교에 다니고 있거나 앞으로 학교에 다닐 모든 성전환자 청소년들을 위한 것입니다. 그리고 이것은 그 청소년들이 다른 수많은 성전환자들처럼 위험한 환경에 놓이거나 위기에 처하는 대신 행복하고 건강하게 살기를 바라는 그들의 친구와 사랑하는 사람들을 위한 것입니다.

이런 이유들로 해서 올해 초 트럼프 행정부가 미 전역의 학교들에 내려졌던 성전환자 학생들의 민권 관련 주요 지침을 철회했을 때 몹시 실망할 수밖에 없었습니다. 이 결정이 내려지던 날 밤 저는 수백 명의 사람들과 함께 이 조치에 반대하는 목소리를 높이기 위해 백악관 밖에 서 있었어요. 분노와 비탄에 잠겨 있었지만 그럼에도 불구하고 저는 거기 서 있는 동안 성전환자 학생들에게 쏟아지는 엄청난 지지에 큰 힘을 얻었습니다. '성전환자 아이들을 보호하라', '나는 성전환자 학생들 편이다'와 같은 문구가 적힌 피켓들이 사방에 물결쳤어요.

말보다는 행동이 훨씬 중요하죠. 그날 밤의 메시지는 명확합니다. 저와 다른 성전환자 학생들 앞에 그 어떤 장애물이 나타난다 해도, 그 어떤 증오나 무시, 차별과 마주치더라도 우리는 굴하지 않을 것입니다. 우리는 괜찮을 거예요. 왜냐하면 우리 편에는 사랑이 있기 때문입니다.

**그 어떤 증오와 무시,
차별과 마주치더라도
우리는 굴하지 않을 것입니다.
우리는 괜찮을 거예요.
왜냐하면 우리 편에는
사랑이 있기 때문입니다.**

개빈 그림(17세)

저는 자랑스러운 아시아계 '미국인'입니다

칸웬 수

Canwen Xu

칸웬 수는 중국 난징에서 태어나 두 살 때 미국으로 이민을 왔다. 스스로를 아시아계로 규정하는 사람들은 미국 전체 인구의 6% 미만에 지나지 않는다. 그리고 소수민족이 거의 눈에 띄지 않는 몇몇 지역들이 있는데 칸웬은 미 중서부에서 인종적 다양성이 가장 낮은 주들 중에서도 이런 지역들만 옮겨 다니며 어린 시절을 보냈다. 이 경험으로 그녀는 백인이 주를 이루는 곳에서 소수민족으로 사는 어려움과 더불어 미국의 사회구조 속에서 아시아계 미국인이 차지하는 독특한 위치에 익숙해질 수 있었다. 사람들 틈에 섞이지 못하고 겉돌았던 시간들과 호의적인 사람들조차 그녀가 다른 아이들과 달라 보인다는 것을 끊임없이 깨닫게 만들어주었던 것은 자라는 동안 그녀에게 깊은 영향을 미쳤다. 비록 자신이 중국계라는 것 때문에 소외감이나 부끄러움을 느꼈던 순간이 많았지만 그녀는 결국 이런 결론에 도달했다. "나는 내 자신이 자랑스러워요. 조금은 미국인이고 조금은 중국인이고 전체로 보면 양쪽 모두죠."

고등학교 때 칸웬은 청소년 민주당원 고등학교 간부 회의의 전미 회원 책임자이자 아이다호주 책임자였다. 또한 프로그래머로서 소녀들을 위한 컴퓨터 공학 워크숍인 '재미있는 코딩Code for Fun'을 시작했으며 2014년 전미 여성정보기술센터NCWIT, National Center for Women in Technology가 주관하는 애스피레이션즈 인 컴퓨팅Aspirations in Computing 대회에서 전미 2위를 차지했다. 뉴욕에 있는 콜롬비아 대학에 다니고 있고 아시아계 미국인 이슈의 열렬한 대변인인 그녀는 청중석에 앉은 중서부 지역의 다른 아시아계 미국인 학생들을 향해 미국에서 아시아계로서 정체성을 확고히 하고 소수민족으로서 받는 대우에 대한 감정과 자신의 문화유산에 대해 갖는 감정을 구분할 수 있어야 한다고 말했다.

아시아계 미국인으로서
우리는 결코 '회색'이 아닙니다.
우리의 색은 분명합니다.
하얗게 덧칠을 한다고
절대 '흰색'이 될 수 없습니다.

칸웬 수(21세)

아시아계 미국인 문화유산 옹호가, 칸웰 수

중서부 지역 아시아계 미국인 학생 연합 연설

미국 콜로라도주 콜로라도 볼더 대학, 2019년

몇 달 전 저는 겨울방학을 맞아 아이다호주 보이시에 있는 집으로 돌아왔습니다. 그리고 눈썹 정리를 하러 근처 가게로 자전거를 타고 갔어요. 관리사는 이웃에 사는 상냥한 금발머리의 여자였습니다. 대화를 나누기 시작하고 잠시 후 그녀가 물었죠. "어디서 왔어요?"

여러분 중 많은 분들이 '영원한 외국인 신드롬'이라는 말을 들어보신 적이 있을 겁니다. 이는 본질적으로 아시아계 미국인들이 미국에 얼마나 동화가 되었든 여전히 이곳 출신이 아닌 것 같은 취급을 받는 것을 의미하죠. 이 나라는 제가 아는 유일한 나라입니다. 그러나 아시아계 미국인들은 완벽하게 미국화가 되었어도, 심지어 가족이 몇 대에 걸쳐 미국에 살았어도 여전히 다르게 보입니다.

자라면서 제 안의 아시아성을 인정하고 싶은 욕구는 혼자 있을 때만 발동했습니다. 우리에게 유튜브는 현실에는 없는 아시아계를 위한 할리우드였죠. 〈크레이지 리치 아시안Crazy Rich Asians〉*이나 〈프레시 오프

* 2018년 개봉한 로맨틱 코미디 영화. 할리우드 영화로는 처음으로 100% 아시아계 배우들만 출연하고 흥행에 성공해서 화제를 모았다.

더 보트Fresh Off the Boat〉*가 나오기 전에 유튜브는 아시아계 미국인으로서의 경험에 시간 가는 줄 모르고 빠져들 수 있는 곳이었습니다. 그 공간에서만큼은 제가 표준이었고 더 이상 자신이 모순처럼 느껴지지 않았어요.

그 영상들을 보면서 저는 이쪽의 정체성이나 저쪽의 정체성, 둘 중 하나를 꼭 선택해야만 하는 건 아니라는 것을 깨달았습니다. 말하자면 주류의 기준에 따른 '평범한 사람'에 어떻게든 맞추려고 자기 자신을 바꿀 필요가 없다는 거죠. 제 경험들과 관점, 제 개성을 굳이 '흰색'으로 덮어버릴 필요가 없다는 겁니다.

아시아계 미국인들이 겪는 독특한 경험에도 불구하고 우리는 자주 인종 관련 대화에서 제외되곤 합니다. 그리고 '회색 지대'**에 놓이죠. 3년 전에 연설할 때 저도 이런 얘기를 했는데 그 이후로 생각이 바뀌었습니다. 아시아계 미국인으로서 우리는 결코 '회색'이 아닙니다. 우리의 색은 분명합니다. 하얗게 덧칠을 한다고 절대 '흰색'이 될 수 없습니다.

"어디에서 왔어요?"라는 질문은 두 가지 다른 면에서 저를 괴롭혔습니다. 첫 번째는 먼저 말씀드렸듯이 끊임없이 저를 이방인처럼 느껴지게 만들었고, 두 번째는 말하고 싶지 않은 것이기는 한데 제가 중국에

* 미국 ABC 방송국에서 2019년부터 방송된 아시아계 미국인 가정의 이야기를 다룬 시트콤 시리즈.

** 흰색도 아니고 검은색도 아닌 애매하고 불분명한 영역.

서 왔다는 것이 별로 자랑스럽지 않았다는 겁니다. 어쨌든 저의 중국인으로서의 특징이 살아오면서 수많은 주변 사람들로부터 저를 소외시키는 것이었으니까요. 오늘날까지도 이 정체성으로 말미암아 제가 짊어진 '다름'과 정체성 자체를 분리해서 생각하기 위해 노력 중이라는 것을 인정합니다. 왜냐하면 문제는 제가 중국인인 것이 싫었던 게 결코 아니라 제가 중국인이라는 이유로 사람들이 저를 대하는 방식이 싫었던 것이기 때문입니다. 그런데 다코타주와 아이다호주, 양쪽에서 사는 동안 이 두 가지가 하나로 뒤섞이면서 제 정체성을 원망하기 시작했습니다.

그래서 저는 여러분이 이 공동체 안에서 콜롬비아 대학교의 아시아계 미국인 공동체가 제게 심어주었던 것과 같은 자긍심과 정체성에 대한 자부심을 갖게 되기를 바랍니다. 자신의 정체성을 받아들이세요. 여러분의 모순을 기꺼이 끌어안으십시오. 그리고 가장 중요한 것은 그 과정에서 자신의 분명한 색을 드러내는 것입니다.

성소수자 공동체의 숨은 영웅들을 잊지 마세요

트로이 시반

Troye Sivan

남아프리카공화국에서 태어난 오스트레일리아의 팝 싱어송라이터 트로이 시반은 수많은 세계적 히트송으로 잘 알려져 있다. 그의 싱글 앨범 〈유스Youth〉는 미국 음악계 음반 순위인 빌보드 핫 100에서 23위를 차지했고 그의 2018년 앨범인 〈블룸Bloom〉은 빌보드 200에서 4위까지 올라갔다. 넘쳐나는 음반 목록 외에도 트로이는 〈엑스맨 탄생: 울버린X-Men Origins: Wolverine〉과 〈보이 이레이즈드Boy Erased〉와 같은 영화에서 연기를 하기도 했다.

트로이는 열여덟 살이 되던 2013년 자신의 유튜브 채널에 올린 브이로그를 통해 수백만의 팬들에게 커밍아웃을 했다. 그 후부터 그는 성소수자들이 스스로를 드러내는 일이 얼마나 중요한지에 대해 자주 소신을 밝혔다. 『더 키치너 포스트the Kitchener Post』와의 인터뷰에서 그는 다음과 같이 말했다. “동성애자로서 저는 그간 텔레비전이나 뮤직비디오에 성소수자들이 나온 몇 안 되는 순간들을 생생하게 기억하고 있습니다. 변화를 만들어낼 기회라는 생각이 들었죠.” 트로이는 내면화된 동성애 혐오증에 맞서 싸우고, 성소수자 청소년들이 노숙자 신세로 전락하는 문제(미국에서 청소년 홈리스들 중 40%가 성소수자들이다.)를 널리 알리며, 에이즈 바이러스에 대한 근거 없는 믿음을 바로잡고, 자신의 뮤직 비디오에 성소수자들을 적극적으로 출연시켜온 이야기를 공개적으로 해왔다.

그의 행동주의에 수없이 많은 찬사가 쏟아졌지만 그는 힘과 특권의 복잡 미묘한 특성을 지적하며 더 큰 관심을 받아 마땅한 덜 알려진 인물들을 소개하는 일에 자신의 기반을 이용하고 있다. 영국의 남성 패션 잡지인 『어너더 맨Another Man』과의 인터뷰에서 트로이는 다음과 같이 말했다. "저는 오스트레일리아의 중산층 백인 가정 출신입니다. 스물두 살이 되기 전에 바라는 건 다 이루었어요. 그리고 아마 세계에서 가장 쉽게 커밍아웃을 한 사람일 거예요. 우리가 그 목소리에 귀를 기울여야 할 사람들이 아직도 많이 있습니다."

미디어의 선정적 보도에 맞서 성소수자들을 옹호하는 미국의 비영리재단 '게이-레즈비언 연합GLAAD'이 그에게 스티븐 코르자크 상Stephen F. Kolzak Award*을 수여했을 때 트로이는 그 기회를 놓치지 않고 자신보다 앞서 활동했던 수많은 운동가들의 이름과 그들의 업적에 대해 자세히 설명했다.

* 엔터테인먼트 업계의 동성애자 기피 분위기에 맞서 싸운 캐스팅 디렉터 스티븐 코르자크를 기리기 위해 만든 상으로 GLAAD 미디어 시상식의 총 42개 부문 중 하나다.

싱어송라이터 / 배우 / 성소수자 권리 운동가, 트로이 시반

GLAAD 스티븐 코르자크 상 수락 연설

GLAAD 미디어 어워드, 미국 로스앤젤레스, 2017년

1년인가 2년쯤 전에 〈전염병에서 살아남는 법How to Survive a Plague〉이라는 제목의 다큐멘터리를 본 적이 있습니다. 에이즈가 창궐하던 초창기를 다룬 것으로 액트업ACT UP*과 트리트먼트 액션 그룹Treatment Action Group** 같은 단체들이 쏟은 노력에 대한 이야기였습니다. 다큐멘터리에 등장하는 인물들 속에서 저는 제 자신을 보았고 제 친구들, 제 동료들, 제 남자 친구를 볼 수 있었습니다. 다른 점이라면 그들은 매주 친구의 장례식에 참석하고 있다는 것이었죠. 다큐멘터리 속 배경이 뉴욕이었는데 겨우 40년도 지나지 않은 그때 그들은 의학적 치료와 사회적 가시성 그리고 삶을 위해 치열하게 싸우고 있었습니다. 죽느냐 아니면 사느냐 하는 상황이었죠. 다큐멘터리를 보다 보면 사람들이 에이즈에 희생된 사랑하는 이의 화장한 유골을 백악관 잔디밭 너머로 뿌리는 장면이 나옵니다. 자신들의 존재를 인정해달라는 것이죠. 이 다큐멘터리는 저를 마음 밑바닥까지 흔들어놓았습니다. 이런 행동주의와 희생이 있었기에 오늘 밤 우리 모두가 이 자리에 이렇게 함께 있을 수 있는 것입니다.

그래서 저는 이 상을 받게 된 것을 매우 감사하고 행운이라고 생각

* 에이즈 감염자들의 권리를 위해 실천적 행동을 하는 단체.

** 에이즈 치료 활동가들의 연맹.

하는 한편, 이 자리를 만들었으나 직접 여기 서서 영광의 스포트라이트를 받을 기회는 가져보지 못한 전사들과 이 상을 나누고 싶습니다. 우선 이 상을 〈전염병에서 살아남는 법〉에 나오는 활동가들 중 한 명인 피터 스탈리Peter Staley에게 바칩니다. 피터는 액트업의 원동력이자 트리트먼트 액션 그룹의 창립자이고 개인적으로 제 영웅이기도 합니다. 또한 스톤월 항쟁(1969년 뉴욕 그린위치 빌리지에 있는 성소수자들의 술집인 스톤월 인을 경찰이 단속하자 성소수자 그룹이 돌과 술병을 던지며 이에 맞선 사건으로 성소수자 인권 운동의 발단이 되었다—옮긴이)의 대모이자 1970년대에 성소수자 권리 그룹을 창설했던 마샤 존슨Marsha P. Johnson과 실비아 리베라Sylvia Rivera에게 이 영광을 돌립니다. 베이어드 러스틴Bayard Rustin의 이름도 빼놓을 수 없습니다. 베이어드는 마틴 루터 킹 주니어와 함께 활동했던 공개적인 동성애자로 민권 운동의 리더였지만 당시의 동성애자 혐오증으로 말미암아 역사에 크게 기록되지 못한 인물입니다. 이 상을 길버트 베이커Gilbert Baker에게 바칩니다. 긍지의 상징인 무지개 깃발을 처음 만들어낸 그를 우리는 애석하게도 어제 떠나보내야만 했지요. 이 상은 또한 이 세상의 또 다른 에디 윈저Edie Windsors*와 제임스 볼드윈James Baldwins**, 프랭크 카메니Frank Kameny***들을 위한 것이며 불러야 할 이름은 아직도 한참 남아 있습니다.

시대와 우리의 요구는 달라져왔을지 모르지만 이들의 정신과 혼은 오늘날 우리 공동체 안에 변함없이 살아 숨 쉬고 있습니다. 그래서 이

* 미국 동성 결혼 합헌을 이끌어낸 인권 운동가.
** 문학을 통해 인종과 성정체성 차별을 고발한 대표적인 흑인 동성애자 작가.
*** 천문학자이자 동성애자 인권 운동가.

상은 전 세계 에이즈 클리닉의 모든 자원봉사자들과 청소년에게 안전한 공간을 제공해주기 위해 일하는 성소수자 홈리스 쉼터의 스태프들을 위한 것이며, 자녀의 성정체성과 상관없이 그들을 있는 그대로 지지하고 진정으로 사랑해주는 모든 부모들을 위한 것입니다. 진정한 영광은 그분들에게 있습니다.

저는 운 좋게도 공연을 하면서 매번 우리 공동체의 젊은 얼굴들을 만납니다. 그래서 말씀드리는 건데 우리의 미래는 굉장히 밝습니다. 부디 어느 누구도 여러분의 진실과 사랑에 상처를 입히도록 내버려두지 마세요. 공동체로서 우리의 정체성에 기반이 되는 것들이기 때문입니다. 어둠 속으로 뒷걸음질 쳐서 숨고 싶은 유혹이 느껴질 때면 오히려 목소리를 더 높이고 맞잡은 손에 더 힘을 주십시오. 끊임없이 자신의 정체성에 대한 긍지를 찾고 우리의 공동체 안에서도 가장 힘없는 이들 편에 서십시오. 사랑의 마음을 잃지 말고 그 사랑을 세상과 함께 나누는 것을 잊지 마십시오. 사랑이야말로 우리의 자랑이며 그 누구도 결코 우리에게서 빼앗아 갈 수 없는 것입니다.

“

어둠 속으로 뒷걸음질 쳐서
숨고 싶은 유혹이 느껴질 때면
오히려 목소리를 더 높이고
맞잡은 손에 더 힘을 주십시오.

트로이 시반(21세)

/

장애인은 투명 인간이 아니에요

멜리사 샹

/

과학기술이 폐기 중인 말 ‘장애’

패트릭 케인

/

제 꿈은 절대 부서지지 않아요

스파르시 샤

CHAPTER 11

장애인 인권

불편한 것은 몸이지 마음이 아니에요

장애인은 투명 인간이 아니에요

멜리사 샹

Melissa Shang

투명 인간이 된 것처럼 느낀 적이 있는가?

멜리사 샹은 책이나 영화, 또는 TV 프로그램에서 자신과 같은 캐릭터를 전혀 찾아볼 수 없다는 점에서 스스로 투명 인간이 된 것 같았다. 점차적으로 근육 위축과 손실을 일으키는 질병인 근이영양증을 앓고 있는 이 어린 소녀는 신체적 난관뿐만 아니라 장애를 안고 산다는 것이 어떤 것인지에 대한 일반 대중의 인식 부족까지 감내해야 했다.

멜리사는 이런 흐름을 바꾸고 싶었다. 장애를 가진 소녀에게도 사람들이 귀를 기울일 만한 이야기가 있다는 것을 세상에 보여주고 싶었다. 열 살 때 그녀는 아메리칸 걸 인형 회사American Girl Doll Company에 장애인 인형을 만들어달라고 탄원했다. 그녀의 탄원서는 15만 명 이상의 지지를 얻었다. 인형 회사에서 그녀의 요구를 수용한 인형을 출시하지는 않았지만, 멜리사는 포기하지 않고 새롭게 찾은 기반을 이용해 다른 장애인들을 대변하는 일을 계속했다. 그녀는 언니와 함께 『바퀴를 타고 달리는 중학생 미아 리Mia Lee is Wheeling Through Middle School』라는 제목의 아동용 책을 썼다. 휠체어를 탄 이 책의 주인공에게 장애는 그저 겉으로 보이는

장애인 인권 옹호자 / 대변인, 멜리사 샹

것일 뿐 그 사람의 본질을 보여주는 것이 아니다. 멜리사는 소녀의 날을 맞아 유엔에서 연설하며 장애를 가진 소녀도 앞으로는 여느 소녀들과 다를 바 없다는 것을 우리에게 일깨워주었다.

장애를 가진 소녀의 꿈

유엔 소녀의 날, 미국 뉴욕, 2014년

저는 때로 제가 투명 인간인 것처럼 느껴질 때가 있습니다. 저는 열한 살의 중국계 미국인으로 근이영양증의 일종인 샤르코 마리 투스 병*을 오랫동안 앓아왔습니다. 장애인 소녀로 산다는 건 사는 곳이 어디든, 그게 미국이라고 해도 결코 쉽지 않은 일입니다. 근이영양증 때문에 저는 뛰거나 얼음 위에서 스케이트를 타는 것처럼 다른 소녀들이 대수롭지 않게 하는 활동들을 하나도 할 수가 없습니다. 5학년 때 선생님이 학생들을 데리고 농장으로 현장 학습을 하러 가는데 저는 빠져야 했습니다. 그 농장에 장애인 시설이 되어 있지 않았거든요. 반 친구들이 줄넘기를 하고 돌 차기 놀이를 하고 그네를 탈 때 저는 놀이터 가장자리에서 친구들과 수다를 떨며 쉬는 시간을 보냅니다. 교실에서도 저는 다른 아이들처럼 필기를 할 수가 없고 특별한 도구를 사용해야만 합니다.

사람들은 종종 장애인 소녀도 꿈을 가지고 있다는 것을 잊어버립니다. 우리가 겉으로 보기에는 평범한 소녀들과 다르겠죠. 저처럼 휠체어에 앉아 있을 수도 있고, 비장애인 소녀들에게는 없는 다른 여러 가지 장애가 있을 수도 있습니다. 그러나 안으로는 여느 소녀들과 다를 게 없어요. 같은 생각을 하고, 같은 감정을 느끼고, 같은 꿈을 꿉니다.

* 유전성 다발성 신경 장애 증후군으로 근육의 위축과 변형을 가져온다.

영화나 TV를 볼 때 장애인 소녀들은 마치 투명 인간인 것 같습니다. 우리들에 대한 이야기는 어디서도 볼 수가 없으니까요. 장애인 소녀로 산다는 것은 힘든 일입니다. 그렇지만 우리가 겉으로는 더 약할지 몰라도 안으로는 더 강합니다. 무수히 많은 장애물과 마주치며 살기 때문입니다. 언젠가 모든 장애인 소녀들이 자신의 이야기를 들려줄 기회를 갖게 되고 다른 모두와 똑같은 대접을 받는 그런 날이 오기를 바랍니다.

과학기술이 폐기 중인 말 '장애'

패트릭 케인

Patrick Kane

패트릭 케인은 태어난 지 9개월 만에 주요 조직 손상을 일으키는 위험한 패혈증으로 죽음의 문턱을 넘나들다 결국 오른쪽 다리를 무릎 아래로 절단하고 왼손 손가락 전부와 오른손 손가락 두 개를 잃었다. 그리고 의수와 의족을 착용하고 장애인이 할 수 있는 일과 할 수 없는 일에 대한 사람들의 인식을 상대하는 새로운 삶에 빠르게 적응해야만 했다. 그러나 일간 신문 『가디언』에 기고한 바와 같이 그의 부모는 다른 아이들이 할 수 있는 일이라면 아들도 못할 것이 없다고 믿었다. 주위에서 여기가 너의 한계라고 선을 긋는 이가 없었기에 그는 또래 아이들과 다를 바 없이 정신없이 뛰어다니고 여기저기 돌아다니며 자랐다.

어렸을 때 그가 사용했던 의수족은 약간 초기 단계의 것들이어서 쉽게 부서지거나 좀 더 편안하게 착용하기 위해 자주 손을 봐야 했지만 그는 그 정도면 충분하다고 생각했다. 그런데 열세 살이 되던 해인 2015년 런던에서 열린 와이어드 넥스트 제너레이션에서 연설하면서 설명한 것처럼 그는 최연소 나이로 생체공학 팔을 장착한 주인공이 되었다. 이 경험은 의수족에 대한 기대치뿐만 아니라 21세기에 '장애'가 가진 의미에 대한 그의 생각을 완전히 바꾸어놓았다. 그는 언제든 손만 뻗으면 닿을 수 있는 수많은 기술 혁신이 존재하는 시대에 장애인이 할 수 있는 일을 따지는 낡은 생각은 더 이상 유효하지 않다고 주장한다.

장애인 권리 옹호자, 패트릭 케인

기술이 장애의 개념에 마침표를 찍을 수 있는 이유

와이어드 넥스트 제너레이션, 영국 런던, 2015년

'장애'라는 말은 더 이상 '장애'라는 말로 설명할 수 없는 사람들의 기분을 상하게 만들고 있습니다. 이 말은 나 자신의 능력과 다른 사람들의 능력 모두를 넘겨짚는 말입니다. 그리고 더욱 불쾌한 것은 이 말이 어떤 이들에게 '당신은 할 수 없다'고 미리 단정적으로 선을 그어버림으로써 그들이 충분히 할 수 있는 일도 못하게 만들어버린다는 점입니다.

이 말이 용도 폐기될 것이라고 보는 이유는 기술이 장애와 비장애 사이의 틈을 메워줄 것이기 때문입니다. 시각장애인이 사물을 보고, 운동선수들이 다리가 없어도 뛰고, 하반신 마비가 된 사람들이 다시 걷는 법을 배운다고 하면 공상과학 영화에나 나올 법한 소리로 들리시겠죠. 50년 전만 해도 이게 당연한 반응이었을 겁니다. 그렇지만 지금 우리는 기술이 인간의 팔다리를 넘어서는 갈림길에 서 있습니다. 과학기술은 제 삶에서 아주 큰 부분을 차지해왔습니다. 처음 의족을 착용하고 걷는 법을 배운 것이 생후 17개월 때였습니다. 제가 태어난 이후로 패럴림픽*의 단거리 경주 기록이 3.2%나 단축됐다는 사실을 아시나요? 이것은 비장애 운동선수들이 무려 41년이나 걸려 이루어낸 기록입니다.

* 장애가 있는 운동선수들이 참가하는 올림픽 경기 대회.

제가 엄청나게 운이 좋은 사람이라고 생각하는 데는 많은 이유가 있습니다. 무엇보다도 다양성과 장애인을 존중해주는 런던에서 태어났고, 어릴 때부터 저한테는 필수였던 첨단 의수족을 살 수 있는 가정 형편이었다는 것도 행운이었습니다. 정부가 사람들의 삶을 진정으로 변화시킬 수 있는 첨단 의수족 비용을 대신 내줄 의사가 전혀 없다는 게 실망스러운 점이지요.

요약해서 말씀드리자면 우리 사회는 이미 용도를 상실한 용어를 아직까지 사용하고 있다는 겁니다. 어째서 모든 이들에게 일반적으로 적용될 수 없는 말을 계속해서 쓰는지 이해할 수 없습니다. 누군가에게는 상처가 될 수 있기에 우리는 새로운 용어가 필요합니다. 진짜 질문은, 과연 그게 뭐가 될 것이냐는 겁니다.

제 꿈은 절대 부서지지 않아요

스파르시 샤

Sparsh Shah

미국의 장애인 인권 옹호자이자 동기 부여 강사 그리고 가수인 스파르시 샤는 '퓨리듬Purhythm'이라는 이름으로 자신의 음악을 선보이고 있다. '퓨리듬'은 '순수한pure'과 '리듬rhythm'을 합성한 것으로 자신의 랩이 가족 친화적으로 건전하고 리드미컬하기 때문에 지은 이름이라고 설명한다. 30만이 넘는 구독자를 가진 유튜버인 그는 에미넴Eminem의 곡 〈낫 어프레이드Not Afraid〉의 리메이크로 조회 수가 1,400만을 넘어섰다. 이 영상은 에미넴의 음반 회사인 '섀디 레코드Shady Records'의 관심을 끌었으며, 유튜브에서 입소문을 타며 인기를 얻자 직접 스파르시에 대한 트윗을 남기기도 했다.

스파르시는 나이를 불문한 모든 청중들 앞에서 랩을 하고 연설을 해왔다. 최근 그는 구글 본사에서 '음악으로 전하는 삶의 메시지'라는 제목으로 강연하며 다음과 같이 말했다. "수많은 사람들에게 영감을 주었고 그들에게 지금 겪고 있는 일이 아니라 앞으로 가고자 하는 목적지가 어디인지가 중요하다는 것을 보여줄 수 있어서 저는 참 축복받은 사람입니다." 그는 또한 신에 대한 강한 믿음이 자신의 상황에서 긍정적인

장애인 인권 옹호자, 스파르시 샤

면들을 볼 수 있게 해준다며 삶에서 신앙심의 역할에 대해서도 얘기해 왔다. "저는 신이 하나의 문을 닫을 때 언제나 다른 문을 열어두신다는 것을 믿습니다. 걷고 뛸 수 있는 능력의 문이 닫힌 제 앞에 음악의 문이 열렸으니까요."

〈약한 뼈의 래퍼Brittle Bone Rapper〉라는 제목으로 그를 주인공으로 한 미니 다큐멘터리가 제작되기도 했다. 이런 제목이 붙은 것은 그가 비정상적으로 뼈가 잘 부스러지는 불완전 골형성증을 앓고 있기 때문이다. 불완전 골형성증은 태어나면서부터 뼈의 강화에 필수적인 콜라겐 형성에 영구적 손상을 끼치는 병으로 심각하게는 수백 군데에 골절을 일으킬 수 있다. 이 다큐멘터리는 2017년 불안정한 척추를 바로잡기 위한 척추 유합술*을 받은 스파르시의 경험을 담고 있다. 그해 그는 수술이 끝나자마자 곧장 로스앤젤레스로 날아가 장애를 안고 살아가는 사람들을 대변해 온 공로에 대해 주는 희망의 챔피언 상Hope of Champion을 받았다.

열다섯 살 때 그는 위 데이WE Day 행사에서 병을 안고 살면서 역경(그는 "뭐든 이름만 대보세요. 제가 한 번씩은 다 부러져봤을걸요."라고 농담했다.)을 꾸준히 헤치고 나아갈 동기를 찾아온 경험을 청중들과 나누었으며 굴하지 않는 인내심을 가지고 남들의 입에서 나온 말로 자신을 규정짓도록 내버려두지 말라고 격려했다.

* 척추뼈 사이에 뼈 이식을 하여 두 개의 뼈를 하나로 합쳐 보강하는 수술법.

위 데이 행사 연설

위 데이, 미국 뉴욕, 2018년

저는 열다섯 살이고 온몸의 뼈들을 부서지기 쉽게 만드는 치료 불가능한 희귀 유전 질환인 불완전 골형성증을 앓고 있습니다. 태어나던 순간에만 거의 40군데 가까이 골절이 됐어요. 그 후 15년 동안 130번의 골절을 겪고 나서 저는 제 삶의 목적이 고통보다 더 크다는 것을 깨달았습니다. 그리고 제 야망이 시련보다 훨씬 강하죠. 도대체 뭘 말하고 싶은 거냐고요? 장애는 정의가 아닙니다. 장애는 제가 가진 모든 잠재력을 발휘하는 것을 막지 못합니다. 그저 인생을 바라보는 다른 시각을 갖게 해주었을 뿐이죠. 제가 늘 사람들한테 하는 말인데, 전 제 장애를 '디스'*합니다.

물론 남들이 하는 것처럼 똑같이 할 수는 없다는 걸 알아요. 매일 밤 잠자리에 들거나 아침에 침대 밖으로 나올 때, 친구 집 계단을 올라가야 할 때마다 부모님이 절 안아서 옮겨주시죠. 그렇지만 나한테 맞는 게 뭔지, 내가 어떻게 하면 빛이 나는지, 내가 이 삶을 감당할 수 있게 하는 게 뭔지 찾으면 되는 거예요.

제게 그것은 다름 아닌 음악이었습니다. 노래를 하고 곡을 쓰고 랩

* 랩의 한 패턴으로 상대방에 대한 비방과 조롱을 늘어놓는 것을 뜻한다.

을 하는 것이 힘겨운 날들을 버텨내는 데 도움이 되었을 뿐 아니라 제 이야기에 공감할지 모를 모든 이들과 감정을 나누게 해주었죠. 유튜브에 몇몇 커버곡들을 올리기 시작한 뒤 세계 곳곳에서 사람들이 제 음악에서 영감을 얻었노라고 메시지를 보내왔어요. 한 번은 이런 메시지를 받은 적이 있어요. 자신의 삶이 바닥을 쳤고 스스로 쓸모없는 존재로 느껴져서 목숨을 끊을 계획이었는데 제 비디오를 보고 제 이야기를 듣고 나서 삶을 송두리째 바꾸고 계속해서 싸워나갈 용기를 얻게 되었다고요. 정말 멋지지 않나요?

삶의 목적을 발견하고 난 지금, 저는 제가 가진 기반 위에서 사람들에게 자기 자신을 있는 그대로 받아들이고 자신의 잠재력을 발휘하도록 격려하고 용기를 주기 위해 노력하고 있습니다. 제 뼈들은 수도 없이 부러졌지만 제 삶에서 두 가지는 결코 부러지지 않을 거라고 확신합니다. 바로 제 목소리와 제 정신이죠. 저는 스파르시이고 열다섯 살이고 뉴저지 출신의 가수이자 작사가 겸 작곡가, 래퍼이고 영감을 주는 연설가입니다. 저는 멋진 삶과 멋진 친구들 그리고 가족과 너무나 사랑하는 엄청 귀여운 남동생이 있어요. 저는 제가 가진 장애로 규정되는 것이 아니라 제가 스스로 선택한 말들로 규정이 됩니다. 여러분은 스스로를 어떻게 규정하고 계신가요?

"

장애는 정의가 아닙니다.
그저 인생을 바라보는
다른 시각을 갖게 해주었을 뿐이죠.

스파르시 샤(15세)

/

없는 건 만들어내고 있는 건 더 잘 만들어내면 돼요

메건 그라셀

/

주차 위반 통지서를 해결해주는 로봇

조슈아 브라우더

/

미래의 예술은 모두를 위한 예술이에요

카달라 버로우즈

/

여덟 살에 첫 사업을 시작한 아이디어 뱅크

마야 에스 펜

/

제 특종의 비밀은 발로 찾은 진실입니다

힐데 리시아크

CHAPTER 12

프로페셔널

프로 정신에 나이는 상관없어요

없는 건 만들어내고 있는 건 더 잘 만들어내면 돼요

메건 그라셀

Megan Grassell

동생이 첫 브래지어를 고르는 것을 도와주던 메건 그라셀은 무언가를 깨닫고 흠칫 놀랐다. 가게마다 성적 매력을 과하게 강조한 브래지어들만 가득했지 청소년들이 제 나이에 맞는 속옷을 선택할 수 있는 곳은 어디에도 없었던 것이다.

그런 현실 앞에서 그저 어깨를 으쓱하고 마는 대신 메건은 무슨 일이든 해야겠다고 마음을 먹었다. 고등학교 졸업을 1년 남겨둔, 자칭 '자신감이 부족한 열일곱 살 소녀'였지만 메건은 동생 또래의 소녀들에게 좀 더 나은 브래지어를 제공하기 위해 자신만의 의류 브랜드를 시작하는 모험을 감행하기로 했다.

2014년 메건은 크라우드 펀딩* 웹사이트인 킥스타터Kickstarter를 통해 4,000만 원이 넘는 브래지어 생산 자금을 마련했다. 그녀가 옐로베리Yellowberry라고 이름 지은 회사는 십대의 딸들에게 사줄 첫 번째 브래지어로 성적인 느낌은 덜 나면서 품질은 더 좋은 제품을 원하는 부모들을

* 인터넷 네트워크를 이용해 다수의 개인으로부터 자금을 모으는 것.

기업가 / 의류 디자이너, 메건 그라셀

타깃으로 해서 순식간에 엄청난 성공을 거두었다. 그 이후로 메건은 『타임』이 뽑은 '25명의 가장 영향력 있는 십대들'뿐만 아니라 야후의 '주목해야 할 24인의 밀레니얼들', 그리고 『포브스』가 선정한 '30세 미만의 인물 30인'에도 이름을 올렸다. 집에서 소박하게 시작했던 그녀의 회사 옐로베리는 이제 사무실이 두 개로 늘어났다.

메건은 『포브스』와의 인터뷰에서 다음과 같이 말했다.

"십대 초반 소녀들에게 해주고 싶은 말은 허리를 펴고 서서 자신이 얼마나 똑똑하고 재능 있고 멋진 사람인지 똑바로 알라는 겁니다. 그게 사실이니까요. 얼마든지 자랑스러워하세요."

그리고 버지니아주 리치몬드에 있는 여학교인 세인트 캐서린 스쿨에서 한 연설에서는 청중석에 앉은 학생들을 향해 현재의 상황에서 문제점을 발견했을 때 두려워하지 말고 혁신에 도전하라고 격려했다.

세인트 캐서린 스쿨 연설

미국 버지니아주 리치몬드 세인트 캐서린 스쿨, 2015년

여동생이 열세 살이었을 때 첫 브래지어를 사기 위해 쇼핑에 데리고 갔습니다. 그런데 가게에 있는 물건들이 성적 매력을 엄청나게 강조한 것들뿐이라 기겁을 했던 기억이 납니다. 두꺼운 패드에다 푸시업 기능이 있는 표범 무늬 브래지어를 입고 탈의실에서 걸어 나오던 동생의 모습이 지금도 생생해요. 당장 달려가서 가려주고 싶었죠. 좀 더 동생 나이에 맞는 속옷을 고르고 싶었지만 찾을 수가 없었습니다. 그때 어떤 계시 같은 게 느껴졌어요. 아무도 소녀들을 위한 브래지어를 만들지 않는다면 내가 만들어봐야겠다고요.

구글로 옷감 파는 곳을 검색한 뒤 여기저기에서 사 모은 재료들을 바구니에 넣어 잭슨에 사는(제가 사는 곳이기도 하죠.) 재봉사에게 가져갔습니다. "브래지어를 만들어주실 수 있나요?"라고 묻자 그녀가 "패턴은 가지고 있나요?"라고 되묻더라고요. 그래서 "네."라고 대답했죠. 제가 원하는 브래지어 모양을 스케치해둔 건 있었거든요. 비록 초등학교 3학년짜리 솜씨처럼 보이긴 했지만요. 그녀가 저를 약간 비웃는 것 같았어요. 제가 모르는 게 얼마나 많은지 뼈저리게 느껴야 했던 수많은 순간이 그때부터 시작됐죠.

그 재봉사와 같이 작업하면서 동생과 그 친구들에게 브래지어를 직

접 입어보게 했어요. 마음에 드는 점과 그렇지 않은 점을 알아보려고요. 그리고 주변에서 의류 관련 업종에서 일하거나 사업을 하고 있는 많은 사람들에게 손을 내밀었습니다. 그 과정에서 훌륭한 조언을 얻고 멋진 멘토들을 만나기도 했지만 그와 동시에 "얘야, 브래지어 산업에 혁명을 일으키려고 애쓰기 전에 고등학교부터 졸업하고 오는 게 어떻겠니?" 라는 말도 엄청나게 들었어요. 그렇지만 제 마음에 확 꽂혔던 건 누군가 이런 말을 했을 때였죠. "다 그런 거예요. 성性이 물건을 팔죠. 빅토리아 시크릿Victoria's Secret*이라고 들어보긴 했어요?" 만일 누가 여러분에게 "다 그런 거예요."라고 하면 눈에서 불꽃이 팍 튀어야 해요. 나는 더 잘할 수 있다는 생각이 들어야 한다고요. 지금 우리가 가지고 있는 것을 더 나은 것으로 만들고 더 잘해내면서 앞으로 나아가는 것, 그게 바로 혁신이기 때문이죠.

* 미국의 유명 여성 속옷 브랜드로 섹시한 속옷 이미지로 큰 성공을 거두었다.

주차 위반 통지서를 해결해주는 로봇

조슈아 브라우더

Joshua Browder

조슈아 브라우더는 열두 살 때 독학으로 배운 코딩 기술을 멋지게 활용해서 법률 상담 챗봇인 '두낫페이DoNotPay'를 개발한 영국계 미국인 기업가다. 2016년 한 연설에서 그는 아이디어의 계기로 주차증과 관련한 개인적 경험을 꼽았다. 변호사가 있으면 당연히 도움이 되겠지만 단순한 일에 비해 말도 안 되는 거금을 치러야 한다. 이런 상황에서 느꼈던 좌절을 생산적인 방향으로 돌리면 자신과 마찬가지로 담당 부서와 소통하며 짜증 나는 절차를 처리해야 하는 다른 사람들을 도울 수 있다는 것을 깨닫게 된 것이다. 조슈아는 공통된 법적 질문들에 대한 자동 상담 제공으로 돈은 절약하면서 필요한 법률적 도움을 제공할 수 있는 가능성을 보았다.

8만 6,000명의 사람들이 챗봇을 이용하면서 두낫페이는 빠르게 인기를 얻었다. 조슈아는 법률 지원의 자동화가 주차 관련 문제를 넘어 다른 영역에서도 파장을 일으킬 수 있다고 생각했다. 챗봇의 성공을 눈으로 확인한 그는 지연되거나 취소된 항공편에 대해 항공사 측에 보상을 신청하는 문제로 관심을 돌렸다. 그는 2016년『포브스』가 선정한 '30세

기업가, 조슈아 브라우더

미만의 인물 30인' 중 한 명으로 이름을 올렸으며 2019년에는 '프리 트라이얼 서핑Free Trial Surfing'이라는 새로운 앱을 선보였다. 이는 사람들이 원하지 않거나 시범 사용 기간 종료와 함께 더 이상 필요 없게 된 상품이나 서비스에 대해 의도치 않은 비용 청구를 당하기 전에 무료 이용을 취소하도록 도와준다.

로봇이 변호사를 대신할 수 있을까요?

오라일리 넥스트: 경제, 미국 캘리포니아주 샌프란시스코, 2016년

열여덟 살이 됐을 때 저는 주차 위반 통지서를 엄청나게 받았습니다. 네 번째 통지서가 도착하자 부모님은 진저리를 치시면서 이제부터는 네가 알아서 하라고 호통을 치셨죠. 꼼짝없이 제 주머니를 털어 벌금을 내야 했어요. 그런데 문제는 제가 변호사를 고용할 만한 여력도, 벌금을 낼 돈도 없다는 것이었습니다. 그래서 저는 그 통지서들을 철회시킬 방법을 찾아야만 했습니다. 가장 적절한 이유를 찾으려고 애매모호한 말들뿐인 정부 서류 수백 장을 샅샅이 훑어봤습니다. 이 노력이 성공을 거두었고 얼마 뒤 가족과 친구들이 제게 도움을 요청하기 시작했죠.

그런데 개별적으로 한 명씩 돕느니 모든 사람을 한꺼번에 도울 수 있는 일종의 자동화된 시스템을 만드는 것이 낫겠다는 생각이 들었습니다. 변호사 로봇 아이디어에 대한 의견을 듣기 위해 런던의 몇몇 변호사들과 이야기를 나누어봤습니다. 개중에는 좀 점잖게 얘기하는 분도 있었지만, 하나같이 하는 말이 유치한 데다 제대로 될 리가 없다는 거였습니다.

그렇지만 멋진 부업 프로젝트라는 생각에 남들이 뭐라고 하건 그냥 한번 만들어보자고 결심하게 됐죠. 그리고 두낫페이라는 이름도 붙여주었습니다. 이 로봇은 사용자들에게 먼저 그들이 받은 주차 위반 통

지서에 대해 몇 가지 질문을 던집니다. 주차 구역이 지나치게 협소했다든지 하는 합법적 변명의 근거를 찾아내기 위해서죠. 그러고 나서 좀 더 구체적인 질문으로 세부 사항을 파악한 뒤 그 결과를 담당 부서에 제출할 법적 효력이 있는 서류로 옮겨줍니다. 사실 제가 처음 이걸 만들었을 땐 그저 몇몇 친구들한테 감탄사를 받으려는 정도였지, 겨우 6개월 만에 법조계를 뒤집어놓게 될 거라고는 상상도 하지 못했습니다. 두낫페이는 1년도 되기 전에 18만 장의 주차 위반 통지서에 대한 이의 제기 신청을 성공적으로 해내면서 대략 54억의 운전자 벌금을 절약해줬습니다. 자동화된 법률적 이슈로 사람들을 돕는 데 로봇을 이용한다는 아이디어가 주차 위반 통지서보다 큰 힘을 발휘한다는 것을 이 일을 통해 깨달았습니다.

미래의 예술은 모두를 위한 예술이에요

카달라 버로우즈

Kadallah Burrowes

카달라 버로우즈는 디자인을 보다 접근하기 쉬운 세계로 가는 통로로 보는 뉴미디어 예술가*다. 어떤 작가는 그를 '예술가이자 컴퓨터 프로그래머이자 디렉터'라고 소개하기도 한다. 뉴미디어 아트는 가상현실VR 체험, 비디오 게임, 3D 프린팅 등으로 대표되는 다양한 과학기술로 창작한 예술 작품을 아우르는 넓은 범주의 개념이다.

뉴미디어 예술가들은 인류가 혁신적인 과학기술을 개발해 온 시간과 나란히 존재해 왔으나 세간의 주목을 받는 전문가들이 등장하고 학교에 정식 과정이 생겨나면서 더욱 인정받고 있다. 카달라는 대학을 다니는 동안 통합 학과를 이용해 뉴미디어 아트를 공부했다. 이용 가능한 색다른 매체들과 2018년 졸업 전까지 몇 년간 공부했던 NYU(뉴욕 대학교) 상하이 캠퍼스가 있던 중국의 대도시 환경은 그에게 풍부한 영감을 안겨주었다. 그곳에서 그는 쌍방향 미디어 아트를 전공하며 미디어 이

* 뉴미디어 아트는 1980년대 이후 과학기술의 발전에 의해 생겨난 인터넷, 디지털 텔레비전 등의 뉴미디어를 작품에 적용하는 예술 장르다.

론부터 장애인을 위한 디자인까지 모든 것을 배웠다.

그는 공포와 음악의 시각화에 관한 쌍방향 다큐멘터리를 포함해 몇 가지 혁신적인 아트 프로젝트에 착수했다. 이런 작업들을 통해 뉴미디어에 대한 접근을 대중화하려는 것이다. 그의 가장 큰 야심작 중 하나인 〈흡혈귀들SUCKERS〉은 상하이에 사는 뱀파이어들이 도시 곳곳에 감춰진 QR 코드를 사용해 비디오의 잠금을 해제한다는 위치 기반 가상현실 다큐픽션* 시리즈다. 카달라는 자신의 웹사이트에 이 프로젝트를 소개하며 '비싼 기술 없이도 관람객들을 몰입시키게 될 것'이라고 했다. 이렇게 대중의 접근성을 높이려는 그의 의지는 관람객들에게 작품을 보여주기 위해 엄청난 비용의 기술적 장치를 요구하기도 하는 다른 많은 뉴미디어 예술가들과 대조된다.

〈흡혈귀들〉과 다른 아트 프로젝트들을 보다 접근하기 쉽게 만들고자 하는 그의 염원은 소수보다 다수를 위한 예술이라는 보다 큰 약속의 일부다. 그는 NYU 상하이 캠퍼스 주관으로 열린 자오찌우 청소년 콘퍼런스에서 연설하면서 접근하기 쉬운 디자인의 원칙을 적용하는 것은 사회문제를 해결하고 사용자 경험을 디자인하기 위한 것일 뿐만 아니라 미술관과 갤러리의 울타리를 뛰어넘는 예술을 창조하기 위한 것이라고 말했다.

* 다큐멘터리와 허구인 픽션을 결합한 영화 장르.

**유니버설 디자인 작업은
어떤 특정 그룹을 위한 것이 아니라
모든 사람이 동등하게 접근할 수 있게
만드는 것입니다.**

카달라 버로우즈(22세)

예술가 / 접근 가능한 디자인 옹호자, 카달라 버로우즈

접근 가능한 디자인 - 미래로 가는 문

자오찌우 청소년 콘퍼런스, 중국 NYU 상하이 캠퍼스, 2018년

접근 가능한 디자인이란 정확히 무엇일까요? 접근성 디자이너들은 단순히 장애를 가진 사람들이 사용할 수 있는 물건이 아니라 디자인의 전 과정에서 특별히 그들을 고려한 상품과 디자인을 만들어내려고 애를 씁니다. 여기에서 디자이너로서 우리가 흔히 저지르기 쉬운 실수 중 하나가, 사회 또는 다른 요인들로 인해 장애를 정신 질환이나 가난처럼 사람들을 불리하게 만드는 것들을 포괄하는 광범위한 정의로 보는 대신 단지 불리한 신체적 조건으로만 판단한다는 것입니다.

이 확장된 정의의 예로 들 수 있는 것이 중국 내에 1,000만에서 6,000만에 이르는 '남겨진 아이들'일 것입니다. 부모가 돈을 벌기 위해 더 큰 도시로 일하러 가면서 고향에 남겨진 아이들을 이렇게 부르고 있죠. 이런 장기간에 걸친 부모와의 별거는 아이들의 정신 건강에 심각한 부작용을 낳고 있습니다. '남겨진 아이들' 중 50%에 가까운 아이들이 우울증이나 불안으로 고통받고 있는 것으로 나타났고 대략 37%의 아이들이 자살을 고려한 적이 있다고 털어놓았습니다.

대학교 2학년 때 중국 선전에서 열린 '선한 사물 인터넷Internet of Good Things' 해커톤*에 참가하면서 저는 이 엄청난 문제에 대해 처음 알게 됐습니다. 전 팀에게 주어진 과제가 이 '남겨진 아이들'을 염두에 둔 디자

인을 하는 것이었습니다. 우리 팀은 아이들이 매일 해야 할 일들을 게임으로 만들어서 부모와 거리상 멀리 떨어져 있어도 여전히 소통하고 있다고 느끼게 해주는 '망고MANGO'라는 장치를 생각해냈습니다. 아이들이 주어진 일과를 마치고 선생님이나 보호자에게 확인받을 때마다 포인트를 얻고, 부모들도 출근이나 빨래처럼 자신들에게 '할당된' 일을 할 때마다 포인트를 얻는 겁니다. 결과적으로 이 장치를 통해 부모는 자녀가 잘 지내는지 확인하려고 끊임없이 임시 보호자와 연락을 주고받을 필요 없이 마음의 평화를 얻게 되고 아이들은 부모와 지속적인 유대감을 가질 수 있게 되는 거죠.

전통적인 사용자 경험 디자인을 넘어선 접근 가능한 디자인의 원칙은 예술 작품 창작에도 적용이 가능합니다. 유니버설 디자인** 작업은 어떤 특정 그룹을 위한 것이 아니라 모든 사람이 동등하게 접근할 수 있게 만드는 것입니다.

미술관은 종종 예술 작품을 돈으로 환산되는 상품으로 봅니다. 다행히 인터넷이 있어서 예술가들이 자신의 작품을 공유하는 일이 훨씬 쉬워졌죠. 작품을 온라인에 전시해서 사람들이 미술관 입장권을 사지 않고 물리적으로 같은 공간에 있지 않아도 작품을 감상할 수 있도록 하면서 유니버설 디자인의 원칙을 활용하는 것입니다. 인터넷 시대 이전

* 해킹과 마라톤의 합성어로 한정된 기간 내에 개발자와 디자이너 등이 팀을 이뤄 마라톤을 하듯 긴 시간 동안 시제품 단계의 결과물을 완성하는 대회.

** 유니버설 디자인은 '모든 사람을 위한 디자인'으로 연령과 장애 유무에 관계없이 모두가 사용할 수 있는 제품을 추구한다.

에는 수십 년 동안 거리의 예술가들이 미술관을 벗어나 대중의 눈이 닿는 곳에 자신들의 작품을 내다놓고 예술의 민주화를 시도해 왔습니다.

유니버설 디자인의 원칙은 최근 제기되고 있는 언론매체를 통한 노출의 필요성에 대한 질문에 답이 될 수 있다고 생각합니다. 단순히 다수를 위한 게 아니라 모든 사회적 그룹을 위한 디자인 작업은 보다 많은 사람들이 (접근 가능성이 높아진) 디자인에 공감할 수 있도록 해줄 것입니다.

여덟 살에 첫 사업을 시작한 아이디어 뱅크

마야 에스 펜

Maya S. Penn

마야 에스 펜은 하는 일이 아주 많다. 그녀는 자신이 설립한 의류 회사의 대표이며 애니메이션 제작자이자 영화 제작자, 작가 그리고 활동가다.

그녀가 일하기 시작한 것은 지속 가능한 패션 브랜드인 '마야의 아이디어Maya's Ideas'를 처음 생각해낸 여덟 살 때부터였다. 빈손으로 회사를 세우기 위해 그녀는 쉬지 않고 일했다. 아무런 사전 지식 없이 기초부터 시작해서 웹사이트를 디자인하고 세계 곳곳의 고객들에게 상품을 배송했다. 사업이 성공하면서 언론의 관심이 모였고 셀 수 없이 많은 공개 연설 초대장이 쏟아졌다. 2013년에 열린 명망 있는 테드여성총회TEDWomen conference도 그중 하나였다. 여기서 했던 연설은 조회 수가 160만을 넘어 지금도 여전히 올라가는 중이다. 2016년 그녀는 다른 청소년들이 자신의 열정을 발견하는 것을 돕기 위해 『넌 할 수 있어! 멋진 너를 보여줘, 너만의 길을 찾아, 그리고 세계를 바꿔You Got This! Unleash Your Awesomeness, Find Your Path, and Change the World』라는 제목의 책을 출간하기도 했다.

마야의 기업가 정신은 사회적 이익을 도모하고자 하는 욕구와 언제나 하나로 얽혀 있다. 패션 업계가 천연자원을 고갈시키고 환경을 오염시키며 기후 위기의 원인이 된다는 이유로 점점 더 맹렬한 비난을 받고 있을 때 마야는 지속 가능한 디자인을 지지했다. 그녀는 자신의 웹사이트에 다음과 같이 썼다. '저는 새 울이나 가죽, 실크, 산호 등을 디자인에 사용하지 않습니다. 1940년대 빈티지 울이나 실크 등의 옷감을 발견하면 그것들을 가지고 완전히 새로운 무언가를 만들어내는 거죠. 저는 언제나 오래된 빈티지 옷감이나 면 같은 유기농 친환경 재료를 사용합니다. 그중에서도 특히 100% 유기농 면과 삼베, 대나무 그리고 재활용 빈티지 재료들로 옷과 액세서리를 만들어내고 있습니다.'

또한 마야는 이윤의 일부를 환경문제 해결과 여성의 권리를 위해 일하는 비영리단체들에 기부하고 있으며 전도유망한 여성 기업가들에게 자금을 지원하는 '지구를 위한 마야의 아이디어Maya's Ideas 4 the Planet'라는 이름의 독립된 비영리단체를 출범시켰다. 게다가 그녀는 환경 애니메이션 시리즈인 〈꽃가루 매개자들The Pollinators〉의 제작자이기도 하다.

2019년 십대 초반을 타깃으로 한 미국 패션 브랜드 저스티스Justice는 청소년들을 위한 라이브 저스티스 서밋Live Justice Summit의 기조 연설자로 마야를 초청했다. 당시 열아홉 살이었던 마야는 다른 청소년들에게 자신의 이야기를 들려주며 자기 회의나 외부의 비판에 부딪치더라도 굴하지 말고 자신의 생각을 거리낌 없이 표현하라고 격려했다.

자선사업가 / 환경운동가 / 기업가 / 애니메이션 제작자 / CEO, 마야 에스 펜

라이브 저스티스 서밋 2019 기조 연설

미국 오하이오주 콜럼버스, 2019년

저는 2008년에 제 회사인 '마야의 아이디어'를 시작했습니다. 겨우 여덟 살 때였죠. 그 출발점은 딱 세 가지였어요. 호기심과 환경에 대한 사랑 그리고 온갖 형태의 예술과 디자인에 대한 열정이었습니다. 사업을 시작할 때 전 무척이나 진지했습니다. 동물 인형들을 앉혀놓고 플라스틱 피자를 파는 제 방의 가짜 레스토랑과는 차원이 다를 게 당연했어요. 이건 진짜 사업이 될 것이고 근사할 거라고 생각했습니다.

집 안에서 찾을 수 있는 재료로 머리띠를 만드는 것부터 시작했습니다. 가진 건 별로 없었지만 제게는 비전이 있었어요. 그걸 현실로 만들어내고 싶었죠. 일을 계속하면서 모자와 스카프, 가방과 같은 새로운 아이템들을 만드는 법을 배웠습니다. 저는 이윤의 10%를 지역 및 세계 자선단체들과 환경과 여성의 권리를 위해 일하는 단체에 기부하고 싶었어요. 사회 환원이 얼마나 중요한지 아니까요.

상품들뿐만 아니라 저만의 로고도 직접 만들었습니다. 고객 상담도 하고 브랜딩과 마케팅을 연구했어요. 코딩의 세계에 발을 들여놓고 HTML을 독학으로 배워서 열 살 때 제 공식 웹사이트를 만들기도 했죠. 비유적으로든 말 그대로든 거기 올린 모자들 중에 제가 쓸 것 같지 않은 건 정말 하나도 없었어요.

사업이 성장하면서 아이템들을 온라인으로 팔기 시작했습니다. 이탈리아와 덴마크, 오스트레일리아, 일본 등 전 세계로 물건이 팔려나갔죠. 열 살 때 『포브스』에서 저와 제 사업에 대한 기사를 싣고 싶다고 연락이 왔어요. 그렇게 텔레비전 프로그램과 온갖 잡지에 제 얼굴이 나오기 시작했습니다. 가슴이 벅차올랐어요. 여덟 살 때 떠올렸던 아이디어 하나가 눈덩이처럼 커지더니 이런 여러 가지 기회를 내게 가져다줬다는 게 믿기지가 않았어요. 크든 작든 자신의 아이디어 하나하나에 관심을 갖는 게 얼마나 중요한지를 보여주는 것이죠. 머릿속에 언뜻 떠오르는 아이디어를 그냥 스쳐 지나가게 내버려두지 마세요. 자신의 생각에 귀를 기울이세요.

가장 성공적인 연설가들도 다 긴장을 합니다. 내가 과연 세상과 맞붙을 수 있을지 모르면서 세상과 맞붙는 게 진정한 자신감이죠. 자신의 감정과 친구가 되어야 해요. 감정에게 운전대를 맡기고 마음대로 가게 둘 수는 없습니다. 긴장감은 뒷좌석에 앉혀놓으세요. 계속 같이 가면서도 무대 위에서 멋지게 성공할 수 있습니다. 정말이에요. 전 공개 연설을 많이 합니다. 아직도 긴장을 하지만 전 프로예요. 자신의 목소리가 중요하다는 것을 기억하는 게 중요합니다.

비평가들이 여러분 앞을 막아설 수는 있지만 결코 여러분의 즐거움을 빼앗지는 못해요. 일이 두려워지거나 힘들어지더라도 즐거움을 훔쳐갈 수는 없습니다. 왜냐하면 그건 여러분만의 것이니까요. 여러분이 끊임없이 앞으로 나아가며 의욕을 잃지 않는다면 결국 중요한 것은 바로 즐거움이에요. 저를 따라서 다 함께 외쳐봐요.

"나는 강하다. 나는 똑똑하다. 나는 멋지다. 나는 내면과 외면이 모두 아름답다. 나는 마음만 먹으면 무엇이든 이룰 수 있다. 나는 언제나 목표를 향해 전진할 것이다. 나는 다른 소녀들을 응원하고 지지할 것이다. 그리고 다른 소녀들 역시 나를 응원하고 지지해줄 것이다. 나는 할 수 있다. 우리는 할 수 있다!"

내가 과연 세상과 맞붙을 수 있을지 모르면서
세상과 맞붙는 게 진정한 자신감이죠.

마야 펜(19세)

제 특종의 비밀은 발로 찾은 진실입니다

힐데 리시아크

Hilde Lysiak

힐데 리시아크는 겨우 열두 살의 나이에 많은 성인 기자들이 부러워할 만한 속도로 살인 사건과 마약 거래에 관한 특종 기사들을 터트렸다. 힐데는 전문 기자 협회의 최연소 회원이고, 펜실베이니아주의 작은 도시 세린스그로브의 속보들을 발 빠르게 전하는 지역 신문이자 온라인 언론 매체인『오렌지 스트릿 뉴스Orange Street News』의 창립자 및 발간인이면서 유일한 기자다.『뉴욕 데일리 뉴스』 전직 기자의 딸인 힐데는 아버지를 따라 뉴스실을 드나들며 직접 뉴스를 보도하는 게 얼마나 흥분되는 일인지 보면서 자랐다.『오렌지 스트릿 뉴스』의 초판은 가족을 위해 크레용으로 만든 단순한 것이었지만, 힐데가 집 근처에서 발생한 살인 사건에 대해서 알게 되고 지역의 다른 저널리스트가 움직이기 전에 한발 앞서서 용감하게 기사를 내보내면서 원래 프로젝트의 범위를 넘어 빠르게 성장했다.

『오렌지 스트릿 뉴스』의 온라인 접속자 수는 현재 100만이 넘고 전 세계 사람들이 힐데의 보도를 주목하고 있다. 그러나 그녀에게 우호적인 친구만 생긴 것은 아니다. 일부 지역 세력가들의 회의적 태도(또는 노골적인 적대감)도 더불어 얻게 되었다. 한 경찰관은 질문에 대한 답을 듣기 위해 애쓰며 자신을 촬영하고 있던 그녀를 향해 "소년원에 처넣을 수도 있다"고 말하기도 했다.

웨스트버지니아 대학교 리드 미디어 스쿨의 졸업식에서 졸업 연설을 하며 그녀는 미래의 저널리스트들에게 그들의 일이 유력 인사들이나 정부가 아니라 평범한 사람들을 위한 것임을 결코 잊어서는 안 된다고 충고했다. 아울러 새로운 세대의 기자들이 객관성과 지역사회에 대한 깊은 소속감, 보도의 근본 원칙 고수를 통해 어떻게 언론을 새로운 신뢰의 시대로 이끌어 갈 것인지에 대해 낙관적인 비전을 밝혔다.

리드 미디어 스쿨 졸업 연설

미국 모건타운 웨스트버지니아 대학교, 2019년

사람들이 더 이상 돈을 주고 신문을 사지 않는다는 뉴스처럼 고개만 돌리면 뉴스에 대한 나쁜 뉴스뿐입니다. 어느 한 주도 다른 사람 입에서 직업을 바꾸라는 충고를 듣지 않고 지나갈 때가 없습니다. 좀 더 장래성이 있는 걸 찾으라는 거죠. 전 이제 겨우 열두 살인데 말입니다.

길이 없는 건 아닙니다. 그렇지만 거기까지 가기가 결코 만만치 않을 거예요. 이제까지 수백 개가 넘는 기사를 써오고 셀 수 없이 많은 부정부패 사건들을 파헤치고 전 세계에 걸친 헌신적인 독자층을 구축해 온 사람으로서 어떻게 하면 그런 미래로 갈 수 있을지에 대한 아이디어가 몇 가지 있습니다.

일단 진짜 사람들과 이야기를 하는 겁니다. 제 최고의 기사들은 절대 보도용 자료에서 나온 게 아니에요. 시내 중심가로 자전거를 타고 내려가서 직접 문을 두드리며 찾아다니고 영세 자영업자들과 이야기를 나누며 나온 것이죠. 커피숍에서 무리 지어 시간을 때우고 있는 노인들이나 마당에서 낙엽을 갈퀴로 긁어모으고 있는 친절한 이웃집 남자도 괜찮습니다. 진짜 뉴스는 그런 데 있어요. 옆집의 캐묻기 좋아하는 아줌마나 교회에서 다 같이 모이는 저녁 시간을 파보세요. 진짜 금덩어리를 찾을 수 있는 곳들이죠. 진짜 사람들이 진짜 이야깃거리들을 가지고 있는 법이거든요.

아무도 믿지 마세요. 때로 경찰도 거짓말을 합니다. 공무원도 때로 거짓말을 해요. 그리고 네, 맞습니다. 가끔은 보통 사람들도 거짓말을 하지요. 그래서 사람이 아니라 진실에 충실한 게 중요한 것입니다.

책상 앞에서 벗어나세요. 제가 아는 최고의 기자는 기삿거리가 편지함에 도착하기를 기다리지 않습니다. 직접 찾으러 나가지요. 『오렌지 스트릿 뉴스』의 출간인이자 편집자 그리고 유일한 기자로서 제게는 따로 일을 지시할 사람이 없습니다. 기사에 대한 아이디어는 혼자 짜내야 해요. 그래서 매일 아침 4시 30분에 일어나서 맨 처음 하는 일이 밖에 나가서 1.6킬로미터를 뛰는 것입니다. 그리고 지역사회의 일원이 되기 위해 노력합니다. 동네 식당에 가고 동네 가게에서 쇼핑하고 늘 밖으로 돌아다녀요. 주변을 돌아다니는 데 더 많은 시간을 쏟을수록 더 많은 기삿거리들이 눈에 띌 거예요. 제가 장담합니다.

모든 사람이 세상을 변화시키고 싶어 합니다. 기자에게는 진실이라는 세상에서 가장 설득력 있는 무기가 있습니다. 그래서 훌륭한 기자가 세계 최고의 여론 칼럼니스트보다 더 많은 변화를 불러올 수 있는 것입니다. 독자들은 영리합니다. 정확한 사실들이 전달될 때 그들은 올바른 판단을 내리게 될 것입니다. 그것이 바로 진실의 힘입니다.

언론이 위기입니다. 우리가 직면하고 있는 이 위기는 바로 신뢰 문제입니다. 너무나 많은 사람들이 자신들이 읽는 것을 더 이상 믿지 않습니다. 너무나 많은 기자들이 정치적 노선에 따라 사람들을 갈라놓을 궁리나 하는 역겨운 정치쇼 같은 기사를 쓰고 있죠. 자신들이 가지고 있는 편견을 충족시키거나 온라인 기사 조회수를 올리려고 말입니다.

우리는 사람들의 신뢰를 되찾을 수 있는 세대입니다. 제가 목숨을 걸고 지키는 것이 바로 신뢰예요. 여러분도 마찬가지여야 합니다. 앞으로 나아갈수록 신뢰는 여러분의 가장 중요한 재산이 될 것입니다.

훗날 역사가 이 순간을 돌아볼 때 저널리즘이라는 직종이 사라지기 전 마지막 어둠의 나날이 아니라 새로운 시작으로 기록할 것을 믿습니다. 이 세대가 단지 뉴스를 구원한 게 아니라 진실에 근거한 정보로 이 세상 구석구석을 환하게 비추는 황금시대의 새로운 막을 열었다고 말입니다.

저널리스트, 힐데 리시아크

“

우리는 사람들의 신뢰를
되찾을 수 있는 세대입니다.
앞으로 나아갈수록 신뢰는
여러분의 가장 중요한 재산이 될 것입니다.

힐데 리시아크(12세)

이 모음집에 포함시킬 만한 청소년 연설가들이 너무나 많지만 『더 크게 소리쳐!』를 추후 조사와 새로운 발견을 위한 하나의 출발점으로 봐주기 바란다. 세계 곳곳에서 많은 청소년들이 자신의 평판과 경력, 그리고 심지어 목숨까지 걸고 변화를 부르짖으며 자신의 목소리를 내고 있다.

인쇄되어 발간되거나 온라인상으로 읽을 수 있는 기사와 달리 연설은 특유의 일회성을 지니고 있다. 집회장의 확성기가 토해내는 선동적인 연설 중 얼마나 많은 연설들이 시간과 함께 사라지는지 우리는 알지 못하나, 역사적으로 기록해둘 만한 가치가 있는 이들의 목소리에 중요한 차별점이 있다는 것은 안다.

자료 조사를 하던 중 몇몇 상황에서 누군가를 책에 포함시키기에 기록물(연설문 원고 혹은 녹음본)이 너무나 부족하다는 걸 발견한 적도 있었고, 또 다른 상황에서는 언어 장벽이 문제가 됐던 적도 있었다. 그러나 누군가의 연설이 이해할 수 있는 언어로 기록이 되었든 아니든 그들의 업적은 사람들에게 자신이 속한 지역사회에서 도전을 시작할 용기를 불어넣어 줄 수 있다.

여기 당신에게 영감을 안겨줄 청소년들을 좀 더 만나보자.

우리에게 영감을 주는 청소년들

클로데트 콜빈 / 이크발 마시흐 / 엠마 곤잘레스 / 나오미 와들러 / 노마 나지르 바트·파라 하산·아니카 칼리드 / 야라 샤히디 / 조슈아 웡 / 마리 코페니 / 로지 킹 / 네티윗 초티파트파이살 / 프랭크 완 / 아두트 아케치 / 아만다 응우옌 / 바바 알리 / 탈리아 레만 / 탄디웨 압둘라 / 아만들라 스텐버그 / 아마니 알카타트베 / 재실린 차저 / 식스토 캔슬 / 아디바 칸 / 줄라이카 파텔

클로데트 콜빈 Claudette Colvin

1955년 로자 라크스가 시민 불복종 행동으로 유명해지기 몇 달 전 클로데트 콜빈이라는 이름의 열다섯 살 소녀가 앨라배마주 몽고메리의 인종별로 분리된 시내버스에서 자리 양보를 거부했다가 백인 경찰에 의해 체포됐다. 그녀는 앨라배마 버스 인종분리법에 대한 판결을 이끌어낸 연방 지방법원 사건인 브라우더Browder 대 게일Gayle 재판의 원고가 됐다.

이크발 마시흐 Iqbal Masih

겨우 네 살에 채무 노예가 된 이크발은 엄마의 병원비 대출을 갚기 위해 파키스탄의 카펫 공장에서 장시간 노동을 강요받았다. 열 살 때 그는 비영리단체인 노동해방연맹전선The Bonded Labour Liberation Front의 도움으로 공장의 혹독한 환경에서 탈출해 학교에 다닐 수 있게 됐다. 그리고 곧 활동가가 되어 전 세계를 돌며 아동 노동에 반대하는 공개 연설을

하다가 1995년 치명적인 총상으로 사망했다. 그러나 그의 삶과 업적의 영향으로 미국 의회는 아동 노동 반대 운동을 위한 연례 시상식을 신설했고 인권 옹호가인 마크Marc와 크레이그 킬버거Craig Kielburger는 '어린이에게 자유를Free the Children'이라는 자선단체를 설립했으며 세계 곳곳에 수많은 학교들이 세워지는 계기가 되었다.

엠마 곤잘레스 Emma González

엠마가 플로리다주 파크랜드의 마조리 스톤맨 더글라스 고등학교Marjory Stoneman Douglas High School에 다니던 열네 살 때 무장 괴한이 교내에서 총기를 발사해 열일곱 명의 학생들이 죽고 많은 학생들이 부상을 입었다. 총격의 영향으로 엠마는 다른 몇몇 학생들과 힘을 합쳐 총기 폭력에 반대하는 목소리를 높였고, 2018년 총기 폭력에 반대하는 시위인 '우리 생명을 위한 행진March for Our Lives'을 조직했다. 미국 역사상 가장 큰 규모의 시위 중 하나로 기록된 이 행진에는 100만 명 이상의 사람들이 참가했다.

나오미 와들러 Naomi Wadler

나오미는 미국에서 벌어지고 있는 총기 폭력에 반대하는 목소리를 높이며, 총기 범죄의 일일 희생자가 불균형적으로 흑인 여성들에 집중되고 있는데도 학교 총기 난사 사건을 다루는 언론 기사에서 거의 언급되지 않고 있는 점에 대해 주의를 상기시키고 있다. 그녀는 2018년 '우리 생명을 위한 행진'에서 최연소 연설자로 이 문제에 대해 연설했다.

노마 나지르 바트 · 파라 하산 · 아니카 칼리드

Noma Nazir Bhatt & Farah Hassan & Aneeqa Khalid

인도의 십대 청소년인 노마와 파라, 아니카는 소녀 록밴드 '프라가시Pragaash'를 결성했다. 이는 카슈미르 말로 '첫 번째 빛', 또는 '어둠에서 빛으로'라는 의미를 가지고 있다. 이들은 2012년 12월 첫 공연 이후 세간의 주목을 받았으나 동시에 증오에 찬 댓글과 살인 협박이 쇄도하기도 했다. 이슬람 국가의 종교 최고 지도자는 공개적인 장소에서 여성들이 공연하는 것은 이슬람적이지 않다며 소녀들을 향해 심한 비난을 퍼부었다. 결국 안전에 대한 우려 때문에 어쩔 수 없이 공연을 중단해야 했지만 이미 그들의 용기가 인도를 포함한 전 세계의 지지를 받고 난 다음이었다.

야라 샤히디 Yara Shahidi

야라 샤히디는 미국의 배우이자 활동가다. 그녀는 대중매체의 대의성과 다양성, 청년 투표 등 수많은 사회적 정의 문제에 대한 인식을 고취시키는 데 자신이 가진 기반을 이용하고 있다. 열일곱 살이 되었을 때 그녀는 선거인 등록 파티를 열었고 투표율을 끌어올리기 위한 '18 × 18Eighteen x 18' 캠페인에 시동을 걸었다.

조슈아 웡 Joshua Wong

조슈아는 홍콩에 사는 친민주주의 운동가로 중국 정부에 대한 노골적인 반대로 몇 번이나 투옥되었다. 2011년 열네 살의 나이에 그는 학생 주도 정치 집단인 '스콜라리즘Scholarism'을 만들었다. 그리고 3년 뒤 학교 보이콧을 조직하고, 수천 명의 학생들과 시위자들이 자유 선거를 요구하며 79일 동안 주요 도로를 막았던 대규모 점거 시위인 '우산 운동'에 참여했다.

마리 코페니 Mari Copeny

'리틀 미스 플린트'로 알려져 있는 마리는 미시간주 플린트 출신이다. 이곳에서는 오염된 식수 때문에 수만 명의 사람들이 높은 납 수치와 위험한 박테리아에 노출되어 열두 명이 재향 군인병*으로 목숨을 잃는 사건이 벌어졌다. 겨우 여덟 살이었던 마리는 오바마 대통령에게 플린트 시를 방문해서 상황을 해결하는 데 도움을 달라는 편지를 썼다. 대통령은 이후 그녀를 만나 1,100억 원에 달하는 기금 마련을 승인했다.

로지 킹 Rosie King

영국 웨이크필드에 사는 대학생인 로지는 아홉 살에 아스퍼거 증후군 진단을 받았고 어린 두 동생들 또한 자폐 스펙트럼 장애를 가지고 있다. 자폐증에 대한 대중의 이해를 높이고 싶었던 그녀는 〈나의 자폐증과 나My Autism and Me〉라는 BBC 텔레비전 프로그램 진행으로 어린이 에미 상Emmy Kids Award을 받았고 세계적인 명성을 얻으면서 유명 의료 콘퍼

* 악성 폐렴의 일종.

런스인 테드 메드TED MED의 연설자로 초청되기도 했다. 그녀의 연설은 260만이 넘는 조회 수를 기록하고 있다.

네티윗 초티파트파이살 Netiwit Chotiphatphaisal

네티윗은 태국의 학생 운동가다. 2012년 열여섯 살이던 그는 동료 학생들과 함께 공교육의 질 개선을 지지하고 기계적 암기에 중점을 둔 낡은 학습 방식을 지양하는 태국 교육 혁명 동맹을 결성했다. 네티윗의 민주화 운동은 이를 못마땅하게 여기는 고위직의 적들을 만들어냈고 군사 정부에 맞선 시위로 구금을 당하기도 했다. 그러나 이로 인해 그는 여덟 명의 노벨상 수상자들과 같은 유력 인사들의 지지를 받았는데, 이들은 그의 활동에 제재가 가해지자 그가 다니던 대학에 직접 편지를 보내기도 했다.

프랭크 완 Frank Waln

프랭크는 시칸구 라코타 부족 출신의 원주민으로 미국의 래퍼이자 작사가 겸 작곡가 그리고 활동가다. 2010년 스물한 살에 그는 나케 눌라 와누Nake Nula Wanu라는 이름의 그룹을 결성하고 같은 해 앨범을 발매했다. 프랭크는 미국 대중문화 속에서 투명 인간처럼 미미한 토착 원주민들의 존재감 및 고정관념과 싸우기 위해 힙합 음악을 통해 이들이 직면하고 있는 억압과 학살, 트라우마를 이야기한다.

아두트 아케치 Adut Akech

아두트는 남수단 출신의 호주인 모델로 열여섯 살에 모델 일을 시작했다. 그녀는 케냐에 있는 난민촌에서 여덟 살이 될 때까지 살다가 가족들과 함께 호주로 이민을 왔다. 학교에서 피부색 때문에 반 친구들에게 집단 따돌림을 당했지만 잔인한 말들이 그녀만의 미적 감각에 해를 입히지는 못했다. 모델로서 대성공을 거둔 아두트는 정신 건강 문제가 까다로운 주제라는 부정적 인식을 바꾸기 위해 힘들었던 자신의 경험을 공개적으로 이야기해왔으며 패션계의 다양성을 지지하고 있다.

아만다 응우옌 Amanda Nguyen

아만다는 미국의 활동가이며 성폭행 피해자들의 권리를 옹호하는 단체인 '라이즈Rise'의 창립자이자 대표다. 자신 역시 성폭행 피해자로 고소를 원할 경우 관료주의의 위압적인 시스템을 거쳐야 한다는 것을 깨달았다. 이 충격적인 경험 때문에 그녀는 기소를 위해 채취된 성폭행 증거를 공소시효 기간 동안 수수료 없이 보관하는 것을 포함한 성폭행 피해자 권리 보호법을 입안하는 일에 착수했다. 이 법안은 만장일치로 미국 의회를 통과해 2016년 10월 공식적인 법으로 제정되었다. 2016년 이래 라이즈가 통과시킨 법안이 20개가 넘는다.

바바 알리 Babar Ali

사람들은 바바를 '세계 최연소 교장'이라고 부른다. 고향인 인도의 무르시다바드에서 또래 아이들이 학교에 가는 대신 쓰레기를 주으러 다니는 것을 보았을 때 바바의 나이는 겨우 아홉 살이었다. 뭔가 바뀌야겠다고 결심한 그는 집 뒷마당에 학교를 열고 아이들에게 읽는 법을 가르쳤다. '아난다 시크샤 니케탄Ananda Siksha Niketan'이라고 이름 붙인 이 학교는 2015년 지역사회의 도움으로 바바의 뒷마당에서 인근 건물로 이전했다. 바바는 이제까지 5,000명이 넘는 아이들을 교육시켰으며 인도 전

바바 알리

역을 돌며 교육 기회의 확대를 부르짖고 있다.

탈리아 레만 Talia Leman

열 살의 탈리아는 미국 루이지애나를 강타한 허리케인 카트리나로 도시가 대혼란에 빠진 것을 보고 전 세계 수백만의 어린이들을 움직여 자연재해 피해자들을 위한 110억 원이 넘는 기부금을 모았다. 이후 그녀는 독자적으로 기금을 받아 운용하기 힘든 다른 청소년 단체의 자선 활동을 돕기 위해 우산 조직*인 '랜덤키드RandomKid'라는 이름의 비영리재단을 설립했다.

탄디웨 압둘라 Thandiwe Abdullah

탄디웨는 학교의 과도한 치안 유지에 반대하고 흑인 청소년의 권리를 옹호하는 변호 단체인 '흑인의 생명은 소중하다Black Lives Matter'의 청소년 선봉대를 창설했다. 그녀는 2018년 로스앤젤레스에서 열린 여성 행진 Women's March에 모인 50만 명의 청중들 앞에서 연설했다. 그리고 2019년 2월, 고등학교 1학년이던 열다섯 살의 탄디웨는 로스앤젤레스 시의회로부터 공로를 인정하는 표창을 받았다.

* 관련 단체들을 하나로 아우르는 협회 개념으로 우산 조직의 목적은 회원 단체들이 필요한 것들을 제공해주고 활동을 조직하는 것이다.

아만들라 스텐버그 Amandla Stenberg

아만들라 스텐버그는 인종과 성별, 성정체성과 같은 문제에 대해 공개적인 발언을 해온 미국의 배우이자 가수다. 열여섯 살 때 그녀는 학교 역사 수업 시간의 과제로 만들었던 '내 콘로 머리로 돈벌이를 하지 마세요Don't Cash Crop My Corn rows'*라는 제목의 문화 유용**과 흑인 문화에 대한 비디오를 대중에게 공개했다. 그녀는 다른 흑인 소녀들의 대변자를 자처했으며 잡지 『틴 보그Teen Vogue』를 위한 영상 속에서 성소수자 공동체의 일원이 되는 것에 대해 "저는 개성이 저항이 될 수 있다고 믿어요."라고 말했다.

아마니 알카타트베 Amani Al-Khatahtbeh

아마니는 미국의 작가이자 열일곱 살의 나이에 이슬람 여성들 사이에 인기 있는 블로그인 '무슬림걸닷컴MuslimGirl.com'을 만든 기업가다. 그녀는 공동체를 조직하고 이슬람 공포증이 광범위하게 퍼져 있는 정치적 환경 아래 이슬람 여성들과 청소년들의 목소리를 확대하는 일에 열정을 쏟고 있다.

* 콘로 머리는 머리카락을 여러 가닥으로 나누어서 땋는 흑인 특유의 헤어스타일로, 백인 유명인들이 대중의 주목을 받거나 멋지게 보이기 위해 흑인 문화의 일부를 차용하는 행태를 지적한 말이다.

** 비주류권의 언어와 예술 표현, 관습 등을 이해할 때 특정 문화는 특정 인종에게만 허용된다고 여기는 인종 차별적 개념.

재실린 차저 Jasilyn Charger

재실린은 미국 원주민 환경운동가이자 물 보호자이며 샤이엔강 수족Cheyenne River Sioux Tribe의 일원이다. 다코타 액세스 송유관Dakota Access Pipeline 건설 계획이 그녀의 부족에게 가한 위협이 촉매가 되어 그녀는 스물한 살에 국제 원주민 청소년 협의회International Indigenous Youth Council를 발족시켰다. 또한 송유관 건설에 항의하는 뜻에서 노스다코타에서부터 워싱턴 D.C.까지 3,200킬로미터 달리기를 추진했다.

식스토 캔슬 Sixto Cancel

식스토는 미국의 비영리단체 대표이자 위탁보호제도 개혁의 옹호자다. 그는 위탁보호제도 안에 있거나 또는 위탁 보호에서 벗어나기 직전

인 청소년들을 위한 재원을 제공하고 그들의 권리를 변호하는 '우리를 생각하자Think of Us'라는 이름의 단체를 설립했다. 또한 식스토와 그의 팀은 최초로 백악관 위탁 보호와 과학기술 해카톤을 공동으로 준비하고 실행했다.

아디바 칸 Adiba Khan

아디바는 재생산 정의*를 옹호하는 미국의 활동가다. 캘리포니아 대학교 버클리 캠퍼스에서 공부하는 동안 그녀는 학부 최초의 임신 중절 합법화 찬성 단체인 '재생산 정의를 위한 학생 연합Student United for Reproductive Justice, SURJ'의 창립자이자 책임자가 됐다. SURJ와 함께 아디바는 주립대학교에서 학생들이 의료적 처치를 위해 어쩔 수 없이 캠퍼스 외부의 클리닉이나 병원을 찾게 만드는 대신 교내 학생 건강 센터에서 약물 낙태 서비스를 제공할 것을 요구하는 캘리포니아 법 제정을 위해 캠페인을 벌였다. 그리고 마침내 양쪽 주 의회에서 이 법안을 통과시켰다.

줄라이카 파텔 Zulaikha Patel

남아프리카공화국에 사는 열세 살의 평범한 고등학생 줄라이카는 자신이 다니는 프레토리아 고등학교에서 여학생들이 아프로**나 다른 자연

* 여성들이 자신의 몸에 대한 자율권을 지니고 임신과 출산에 관련된 문제를 사회나 관습의 개입 없이 오롯이 스스로 판단하고 결정할 수 있는 권리.

** 흑인들의 둥근 곱슬머리 모양.

스러운 헤어스타일을 하지 못하도록 금지하는 규칙에 반대하는 운동의 상징이 되었다. 그녀와 동료 학생들이 보안대와 팽팽한 대치를 벌이고 있는 영상이 온라인에서 급속도로 입소문을 타면서 소셜 미디어의 관심을 모은 것이다. 이는 남아프리카공화국의 아파르트헤이트 철폐 이후에도 교육 현장에 여전히 남아 있는 인종차별에 대해 광범위한 논란을 불러일으켰다. 결국 학교 당국은 이 규칙을 수정했고 줄라이카는 현재도 인종차별과 성차별에 반대하는 투쟁가로 활동 중이다.

감사의 말

그 어떤 책도 나 홀로 작업으로 세상에 나오지 않습니다. 저는 이 책의 핵심인 연설들을 세상에 내놓은 청소년 연설가들 모두에게 빚을 졌습니다. 여러분의 말은 세상이 더 이상 손쓸 수 없는 위기 상황인 것처럼 느껴질 때도 꾸준히 정의를 외치며 포기하지 않도록 제게 영감과 도전과 버틸 수 있는 힘을 주었습니다.

화이트 라이온 출판사의 모두에게 깊은 감사를 드립니다. 이 책이 가진 흥미로운 비전을 보여주고 관리를 맡아준 자라 앤바리Zara Anvari와 필리파 윌킨슨Philippa Wilkinson, 꼼꼼하게 교열을 봐준 라모나 램포트Ramona Lamport, 조사에 귀한 도움을 준 벨라 스커츨리Bella Skertchly에게 감사 인사를 전합니다. 끝없이 많은 시간대를 건너 책 하나를 조율하는 게 결코 쉬운 일이 아닙니다. 그래서 저는 이해심 많은 에디터들과 함께 일할 기회를 갖게 된 점에 대해 진심으로 행운이라고 생각합니다.

청소년들의 자주성과 행동주의에 더 큰 기회를 주는 것이 우리 시대의 중대한 이슈 중 하나라는 것을 알게 된 것은 몇몇 그룹과 조직들의 공입니다. 미국 교육 콘퍼런스에 참가하면서 교육 개혁에서 학생들의 목소리를 확대하는 일에 열정을 가진 동료들을 만나게 됐습니다. 지금은 절친한 친구가 됐죠. 청소년들을 위해 더 나은 세상이란 어떤 모습일까에 대한 포부와 깊은 고민으로 시작된 우리의 대화(그리고 논쟁)는 늦은 밤까지 끝날 줄 모르고 이어지곤 했습니다.

이 여정은 아마도 제가 열두 살 때 했던 연설이 아니었다면 시작조차 되지 않았을 것이고, 그 연설은 테드의 큐레이터 크리스 앤더슨Chris Anderson과 콘텐츠 책임자 켈리 스토첼Kelly Stoetzel의 믿음이 없었다면 불가능했을 겁니다. 청소년들에게 기회를 제공하는 테드의 수많은 프로그램들(특히 테드엑스와 테드에드)과 2010년과 2013년 사이에 함께 작업했던 테드엑스 레드먼드 콘퍼런스의 훌륭한 팀 멤버들에게도 아울러 감사를 드립니다. 이들은 청소년들의 장래에 대해 확고한 믿음을 가지고 있는 사람들입니다. 우리가 지금 서 있는 기반을 뒤흔들어 모두를 위해 더 나은 미래를 세울 수 있을 거라고 믿고 있죠.

청소년들의 잠재력에 대한 믿음을 가장 잘 보여주는 건 아마도 교육자들일 것입니다. 어린 시절 저를 가르쳐주셨던 펠리사 로저스Felisa Rogers 선생님과 저에게 격려를 보내주셨던 레드먼드 고등학교와 버클리 대학교의 모든 분들에게 깊은 감사의 말씀을 전합니다. 마지막으로 제 부모님인 존John과 조이스 스비탁Joyce Svitak, 자매 아드리아나Adrianna, 그리고 사회적, 감정적 지지를 아끼지 않았던 수많은 친구들, 그중에서도 특히 아르준 데이브Arjun Dave에게 말로 다 못할 신세를 졌습니다. 사회를 변화시키려는 모든 위대한 노력의 핵심은 바로 사랑입니다. 세상을 보다 나은 곳으로 만든다는 것이 무슨 의미인지 제게 가장 직접적으로 가르쳐준 것도 친구들이 제게 보여준 따뜻한 연민의 마음이었습니다.

옮긴이의 글

나를 바꿔놓은 목소리

미국에 살면서 한국과 비교되는 점 중에 한 가지가 '쓰레기 처리'다. 쓰레기봉투를 돈 주고 사지 않아도 되고 재활용 쓰레기를 분리하는 것은 '개인의 자유'인지라 커다란 비닐봉지 하나에 눈 딱 감고 플라스틱부터 음식물까지 죄다 쓸어 담는다고 해서 뭐라고 할 사람도 없다. 그래도 하던 버릇이 있어서 나름 신경은 쓰며 살았지만, 내가 소위 환경보호에 의식적으로 기여하는 몫은 딱 그 정도가 다였다. 더 이상의 노력을 하기에는 관심도 지식도 열정도 모자랐다. 지구 온난화가 미디어의 '혹세무민'이 아닌 팩트이며, 도를 넘은 해양 오염이 밥상까지 몰려와있고, 세상 곳곳에 21세기 동시대를 살고 있다고 믿기 힘든 라이프들이 펼쳐지고 있음을 머리로는 알고 있었지만 내 몸은 그저 '살던 대로' 살 뿐이었다.

그리고 이 책이 내게로 왔다. 번역을 시작했다. 과학과 환경보호, 인권 보호와 정치, 평화와 사회적 평등 등, 온갖 영역에서 목소리를 높여온 청소년들의 연설문을 차례로 읽어나갔다. 단어 하나하나가 견고딕 볼드체로 눈 속에 박혀 들어왔다. 행간을 채운 아이들의 순수한 뜨거움과 용기, 흠집 하나 낼 수 없을 것 같은 견고한 믿음이 가진 전파력은 상당했다. 후루룩 읽어나갈 수 있을 것 같았던 그리 길지 않은 글들이 힘겹게 읽혔다. 연설문 하나를 다 읽을 때마다 검색창을 열어 관련 기사들을 찾아보기도 했다.

그러던 어느 날 번역을 하다 말고 온라인으로 '제로 웨이스트 라이프'를 돕는 물건 몇 개를 주문했다. 새로운 생활수칙도 만들었다. 비닐봉지 쓰지 않기(혹은 극도로 적게 쓰기)와 일회용품 사용하지 않기. 냉장고에 식료품을 넣어놓을 때마다 생각 없이 쓰던 비닐봉지와 작별을 고하고 면봉, 화장솜과 같은 대표적인 일회용품들도 씻어서 다시 쓸 수 있는 것들로 모두 바꾸었다. 가게에 파는 생수 대신 개인 물병을 들고 다니게 되었고 밖에 나가서 뭔가를 먹게 될 때 일회용 플라스틱 스푼과 포크를 쓰지 않으려고 '스포크'(스푼과 포크 일체형)라는 물건을 항시 소지하게 됐다.

'변화'는 공짜가 아니다. 대체품들을 구비하는 데 쏠쏠한 돈이 들어갔고 앙증맞은 손가방으로는 턱도 없는 물건들을 들고 다녀야 하고 설거지 거리도 늘어났다. 나에게 이 모든 불편함을 감수하게 만든 것은 별안간 없던 신념이 움터서가 아니었다. '세상이 바뀌어야 한다'고 힘껏 소리 내어 외친 이 아이들 때문이었다. 그들이 던진 '더 불편한' 질문들 때문이었다. 어른들이 '살던 대로'는 '익숙한' 것이지 '옳은' 것이 아니라고 했다. '옳은' 것이 아닌데 왜 변하지 않느냐고 물었다. 다음 세대의 몫이 될 미래의 세상에 현재의 우리가 아무런 책임을 지지 않아도 괜찮은 것이냐고 물었다. 그렇게 내가 그들의 목소리를 들었기에 삶의 작은 변화로 응답하기로 한 것이다. 그리고 지금까지는 다행스럽게도 제법 잘 실천해오고 있다.

유엔 총회와 세계적 콘퍼런스, 국제적 행사와 같은 큰 연단에서 이 어린 연사들의 용감하고 힘찬 연설은 전 세계의 관심을 불러일으켰다. 그러나 이 책은 그저 조기에 주목을 받은 청소년들의 연설문 모음집이 아니다. 어떻게 하면 세상을 좀 더 나은 곳으로 만들 수 있을 것인지에 대한 진심 어린 열정과 신념의 논스톱 강연장이다. 어른들에게도 아이들에게도 작게는 오늘 하루를, 혹은 살아온 날들과 앞으로 살아갈 날들을, 그리고 크게는 이 세상이 돌아가는 방향과 속도를 다른 눈으로 들여다볼 수 있는 기회가 될 것이다. 이 책을 단어로 요약하자면 '목소리'와 '행동'을 꼽을 수 있겠다. 이 두 가지가 합을 이루자 거만하던 세상도 항복을 외쳤으니 과연 독자들에게는 어떤 위력을 발휘할지 몹시 궁금해진다.

2021. 5.

김미나

추천 도서

아래의 책들은 청소년들을 위한 실질적인 조언부터 우리 사회에서 교육이 어떤 역할을 하는지 철학적으로 탐구하는 데 성실한 길잡이가 되어줄 것이다. 또한 대중을 향해 목소리를 높이는 것에 관심이 있는 독자들에게는 생각의 도화선이 될 수 있는 책들이다.

『A Random Book about The power of ANYone』
탈리아 레만(Talia Leman), 사이먼 앤 슈스터 출판사

『It's Your World: Get Informed, Get Inspired & Get Going!』
첼시 클린턴(Chelsea Clinton), 펭귄 랜덤 하우스 출판사

『Freedom's Orator: Mario Savio and the Radical Legacy of the 1960s』
로버트 코헨(Robert Cohen), 옥스퍼드 대학 출판사

『I Am Malala』
말랄라 유사프자이(Malala Yousafzai), 리틀 브라운 앤 컴퍼니 출판사

『Under The Same Sky: From Starvation in north Korea to Salvation in America』
조셉 킴(Joseph Kim), 호트 미플린 하코트 출판사

『So Here I Am: Speeches by Great Women to Empower and Inspire』
애나 러셀(Anna Russell), 화이트 라이언 출판사

『The Opposite of Loneliness: Essays and stories』
마리나 키건(Marina Keegan), 스크라이브너 출판사

『Pedagogy of The Opressed』
파울루 프레이르(Paulo Freire), 컨티넘 출판사

자료 출처

시우테즈칼 마르티네즈
본인의 동의하에 전재

그레타 툰베리
본인과 가족들의 동의하에 전재

아누나 데 베버
본인의 동의하에 전재

세번 컬리스 스즈키
본인의 동의하에 전재

리아논 톰티센·매디슨 보르바
바이오니어스(Bioneeres)의 동의하에 전재

멜라티·이사벨 위즌
본인의 동의하에 전재

로렌 싱어
본인의 동의하에 전재

에머 히키·시아라 저지
본인들의 동의하에 전재

크르틴 니띠야난담
본인의 동의하에 전재

티에라 플레처(네 귄)
©Tiera Fletchers of Rocket with The Fletchers&WE Day

자크 라타
본인의 동의하에 전재

잭 안드라카
본인의 동의하에 전재

이스턴 라샤펠
본인 및 언리미티드 투마로우(Unlimited Tomorrow)와 비즈니스 이노베이션 팩토리(Business Innovation factory)의 동의하에 전재

켈빈 도
©DJ Focus

레이먼드 왕
본인의 동의하에 전재

케네스 시노즈카
본인의 동의하에 전재

잔 다르크
www.stjoan-center.com

바나 알라베드
본인의 동의하에 전재

엘리야 월터스 오스만
본인의 동의하에 전재

마리오 사비오
린 홀랜더 사비오(Lynne Hollander Savio)의 동의하에 전재
www.americanrhetoric.com

매디슨 킴리
본인의 동의하에 전재

조시 라파잔
본인의 동의하에 전재

말랄라 유사프자이
본인을 대신해 커티스 브라운 그룹(Curtis Brown Group Ltd),이 전재

©Malala Yousafzai, 2015

타라 수브라마니암

본인의 동의하에 전재

무준 라칸 알멜레한

유니세프 친선대사인 본인의 동의하에 전재

이시타 카트얄

본인의 동의하에 전재

하디카 바시르

본인의 동의하에 전재

메모리 반다

2017년 열린 오슬로 프리덤 포럼(인권재단(the Human Right Foundation)이 개최하는 연례행사) 연설에서 발췌, 인권재단의 동의하에 전재

밀리 바비 브라운

유니세프 친선대사인 본인의 동의하에 전재

조셉 킴

본인의 동의하에 전재

아만다 사우스워스

본인의 동의하에 전재

아미카 조지

본인의 동의하에 전재

재즈 제닝스

©I Am Jazz LLC

슈일러 베일러

본인 제공

개빈 그림

본인의 동의하에 전재

칸웬 수

본인의 동의하에 전재

트로이 시반

키미코 힐튼 프로덕션(Kimiko Hilton productions)과 본인의 동의하에 전재

멜리사 샹

부모와 법정 후견인인 수 리우(Sue Liu)의 동의하에 전재

패트릭 케인

Patrick T J Kane ©2015

스파르시 샤

본인의 동의하에 전재

메건 그라셀

본인의 동의하에 전재

조슈아 브라우더

본인의 동의하에 전재

카달라 버로우즈

본인의 동의하에 전재

마야 에스 펜

©2019 Maya Penn 판권 소유

힐데 리시아크

본인의 동의하에 전재

김미나

여의도에서 방송 구성 작가로 일했다. 뉴욕 맨해튼에서 잡지사 에디터로 일했다. 그리고 하와이를 거쳐 플로리다 바닷가에 정착해 번역과 글쓰기를 하고 있다. 사람이 없는 한적한 곳보다 사람에 부대끼는 복잡한 곳을 좋아한다. 늘 삶과 사람, 사랑이 궁금하다.
저서로는『눈을 맞추다』가 있으며, 파울로 코엘료의『마법의 순간』,『달라이 라마의 행복』등을 번역했다.

더 크게 소리쳐!

초판 1쇄 발행일 | 2021년 6월 23일
초판 4쇄 발행일 | 2021년 12월 1일

지은이 | 아도라 스비탁
그린이 | 카밀라 핀헤이로
옮긴이 | 김미나
펴낸이 | 사태희
편집인 | 최민혜
디자인 | 권수정
마케팅 | 장민영
제작인 | 이승욱 이대성

펴낸곳 | (주)특별한서재
출판등록 | 제2018-000085호
주 소 | 04037 서울시 마포구 양화로 59, 화승리버스텔 703호
전 화 | 02-3273-7878
팩 스 | 0505-832-0042
e-mail | specialbooks@naver.com
ISBN | 979-11-6703-015-3 (44080)
979-11-88912-13-1 (세트)